Anna Niederleuthner

Speisen mit Kaiserin Sissi

Anna Niederleuthner

Speisen mit Kaiserin Sissi

Historisches Kochbuch
geschrieben zu Passau
im Jahre 1862

erprobt
und
herausgegeben
von

Hans Königsbauer
Fritz Mayer
Richard Schaffner

Die Deutsche Bibliothek - CIP-Einheitsaufnahme

Niederleuthner, Anna:
Speisen mit Kaiserin Sissi : historisches Kochbuch geschrieben
zu Passau im Jahre 1862 / von Anna Niederleuthner.
Hrsg. und bearb. von Hans Königsbauer ... -
Waldkirchen : SüdOst Verl., 1996
ISBN 3-89682-001-X
NE: Königsbauer, Hans [Hrsg.]

ISBN 3-89682-001-X

Umschlaggestaltung: Christian Gradl, Waldkirchen
Realisation: Ritho Konzept & Kommunikation, Passau
Bildnachweis: Stadtarchiv Passau S. 9, 11, 12, 15, 21
alle anderen Archiv Thomas Heller

Druck: Richard Rothe, Passau

Gewidmet

Herta Barth,
Urenkelin von Anna Niederleuthner
und
Eigentümerin des Orginalkochbuches

Vorwort

Eigentlich ist der gewählte Untertitel „Historisches Kochbuch geschrieben zu Passau im Jahre 1862“ nicht ganz korrekt. Sind es doch zwei Kochbücher von Anna Niederleuthner, die Herta Barth dem Stadtarchiv Passau zur Verwahrung anvertraut hat.

Das erste Buch umfaßt 364 handgeschriebene Seiten mit 665 Rezepten und 154 Speisezetteln, darunter die Speisefolge vom Besuch Kaiserin Sissis vom 8. bis 14. September 1862 im Niederleuthnerischen Gasthof „Zum Wilden Mann“. Auf seinen 168 Seiten sind im zweiten Buch 244 Rezepte und 45 Speisezettel vermerkt. Hier findet sich auch das „Soupper am 19. Juli Abends ½ 7 Uhr von Ihrer Mayestät Kaiserin Elisabeth“, mit dem ihr noch unbekannter Passau-Besuch im Jahre 1878 festgestellt werden konnte.

Der Schrift und den Zutaten nach zu urteilen, sind in das zweite Kochbuch auch noch Rezepte nach dem Tod von Anna Niederleuthner (1822-1897) eingetragen worden. Wir haben von den gut 900 Rezepten 250 ausgewählt und in die Systematik Anna Niederleuthners, die sie im ersten Band vorgibt, eingereiht.

Die ursprünglichen Schreibweisen wurden weitgehend übernommen, zur Lesefreundlichkeit wurden außerdem sinnstiftende Kommata gesetzt. Wenn nötig wurden die Rezepte im Anschluß erläutert und Zutaten und Gewichtsangaben erklärt. Daraus entstand auch das umfangreiche Glossarium, bei dem wir uns eng an das „Niederleuthnerische Kochverständnis“ gehalten haben.

Gewürze und Salz waren für die hervorragende Köchin selbstverständlich und wurden nicht in jedem Rezept einzeln aufgeführt.

Während bei Suppen, Saucen, Auflagen, Geflügel, Fleisch und Wild keine Gewichtsangaben gemacht wurden, d.h. nach Gefühl gekocht wurde, gibt es bei den Süßspeisen genauere Mengenangaben.

Begriffe wie Backen, Braten, Grillieren sind nicht immer im heutigen Sinne zu verstehen, sie dienten auch für Schmoren, Dünsten usw.

Unser Dank gilt den Mitarbeitern des Stadtarchivs Passau, Thomas Heller, der das Buch mitillustriert hat und besonders der Passauer Lamplbruderschaft, die dieses Herausgeberteam zusammengebracht hat. Wertvolle Unterstützung gab uns auch Georg Höltl, der seine berühmte Kochbuchsammlung im „Wilden Mann“ hierzu öffnete. Wichtige Hinweise lieferte Mario Puhane. Herzlichen Dank an Sylvia Köraus für das aufmerksame Korrekturlesen.

Es wäre schön, wenn dieses Kochbuch auch für die „Sissi-Forschung“ neue Impulse setzen würde.

Dr. Gerhard Braunsperger vom SüdOst Verlag danken wir für die gute Zusammenarbeit und hoffen, daß dieses Buch der Beginn einer eigenständigen historischen Kochbuch-Reihe wird, in der auch das gesamte Niederleuthnerische Werk erscheinen kann.

Die Herausgeber freuen sich auf Anregungen und Kritik der Köche auf historischen Spuren und stehen selbstverständlich bei Fragen beratend zur Seite.

Passau, im Oktober 1996

Hans Königsbauer Fritz Mayer Richard Schaffner

Kaiserin Sissi und Anna Niederleuthner

Anton Niederleuthner, Sohn eines Kürschnermeisters aus Münzkirchen im Inntal, erwarb am 1. September 1844 im „Gantkauf" (Versteigerung) den Gasthof „ Zum Wilden Mann", das „Einwohnhaus" und die „dezidierte Weinschenkgerechtsame" in der Passauer Schrottgasse Nr. 160 (heute 4). Vorher arbeitete er als Oberkellner im „Prummer´schen Gasthof" ebenfalls in der Dreiflüssestadt.
Dort lernte er auch seine spätere Frau, die Wirts- und Bäckerstochter Anna Obermüller, geboren am 14. Mai 1822, aus Perlesreuth, kennen. Gemeinsam bauten sie den „Wilden Mann" zu einem florierenden Unternehmen aus, erweiterten den Weingroßhandel und machten den „Wilden Mann" zu einem der renommiertesten Hotels in Bayern.

Die Bedeutung und Beachtung, die der „Wilde Mann" unter der Führung des Ehepaars Niederleuthner genoß, beweisen die 15 Fremdenbücher, die sich heute im Stadtarchiv Passau befinden. Hierin haben sich von 1844 bis 1880 die Gäste des Hotels eingetragen. Besonders die Kochkunst von Anna Niederleuthner wird weit gerühmt. Sie verstand es ausgezeichnet, die süd-ostbayerische und österreichische Küche neu zu interpretieren und Anregungen ihrer internationalen Gäste mit einfließen zu lassen. So ließen sich der Komponist Franz von Suppé, der Dichter Adalbert Stifter, der Industrielle Alfred Krupp und sogar Anverwandte des späteren amerikanischen Präsidenten Kennedy, um nur einige zu nennen, von Anna Niederleuthner kulinarisch verwöhnen.

Im Gästebuch vom Jahre 1862 ist folgender Eintrag zu lesen: „8. September, Ihre Königlich Kaiserliche Mayestät Regierende Kaiserin Elisabetha von Öestreich mit Gefolg Wien". Weiter ist in diesem Gästebuch vermerkt, daß die Kaiserin mit ihrem Gefolge in den Zimmern 1 bis 5, 8 und 9 logierte und am 14. September 1862 das Hotel wieder verließ.

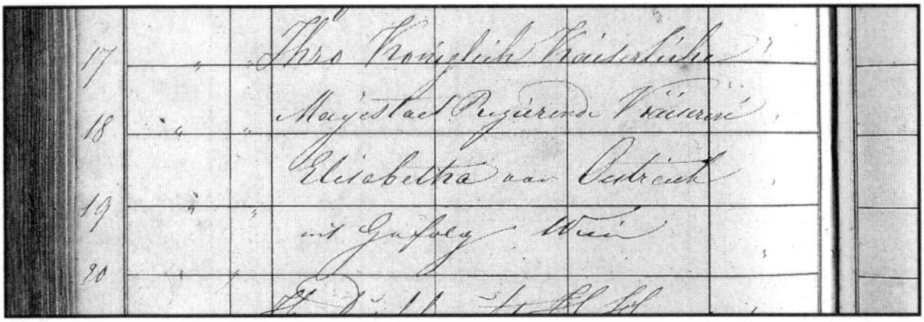

Über den Aufenthalt der Kaiserin Elisabeth und die ihr zu Ehren veranstalteten Festlichkeiten berichtete die „Passauer Zeitung“ vom Jahre 1862 sehr ausführlich. Nachfolgend einige Auszüge, die Ihre Tage in Passau anschaulich schildern:

Passau, 8. September:

Heute nachmittags 4 Uhr kam Ihre Majestät die Kaiserin von Österreich, von einer zahlreichen Menschenmenge erwartet, mit einem Extrazuge von Wien dahier an. Alles war über das blühende Aussehen der hohen Frau, welche nach allen Seiten freundlich grüßend durch die mit bayerischen, österreichischen und deutschen Fahnen festlich geschmückten Straßen der Stadt sogleich in den Gasthof des Herrn Anton Niederleuthner [Anm.: Hotel Wilder Mann] fuhr, herzlich erfreut. Nach kurzem Aufenthalte in ihrem Absteigequartier begab sich ihre Majestät wieder in den Bahnhof, woselbst um 5 Uhr auch deren Mutter, Frau Herzogin Ludovika von Bayern, von München zur Begrüßung Ihrer hohen Tochter, nebst den zwei jüngeren Geschwistern derselben eintraf. Der gegenseitige Empfang war ein äußerst herzlicher und rührender. Nachdem die Frau Herzogin von Bayern ihr Absteigquartier im Hotel Flintsch [Anm.: jetzt Ludwigstraße 2] genommen, wohin Sie von Ihrer hohen Tochter begleitet wurde, kehrte ihre Majestät die Kaiserin wieder in ihren Gasthof zurück. Dem Vernehmen nach wird der Bahnzug, welcher ihrer Majestät die Königin von Neapel und Ihre königlichen Hochheiten Frau Gräfin von Trani und Frau Erbprinzessin von Thurn und Taxis zum Besuche Ihrer kaiserlichen Schwester hieher bringen wird, morgen früh um 9 Uhr eintreffen. Möchten die hohen Herrschaften während ihres leider nur kurzen Aufenthaltes dahier auch heitere und sonnige Tage haben, um die Reize der schönen Umgebung, Passau´s Bürger und Bewohner gewiß zu ihren schönsten Erinnerungen zu zählen. Heil und Segen unseren hohen Gästen!

Passau, 9. September:
Heute nachmittags 5 Uhr traf die Königin Marie von Neapel mit dem Münchner Bahnzuge hier ein und wurde von der sie am Perron des Bahnhofes erwartenden Kaiserin von Österreich auf das Herzlichste begrüßt. Beim Austritt aus dem Bahnhofe tönte der Heldin von Gaeta tausendstimmiger Hochruf der zahlreich versammelten Bewohnerschaft Passau´s entgegen. Vorerst machten die beiden Majestäten Besuch bei Ihrer Mutter, der Frau Herzogin von Bayern im Hotel Flintsch und kehrten dann in das Hotel Seidl [Anm.: jetzt Große Klingergasse 2a] zurück, woselbst die Königin von Neapel Ihr Absteigequartier genommen. Erst um 9 Uhr abends verließ die Kaiserin Ihre hohe Schwester, um sich wieder nach Ihrem Gasthofe zum „Wilden Mann" zu begeben. Dem Vernehmen nach beabsichtigen die hohen Herrschaften, noch zwei Tage hier zu verweilen. Heute abends Serenade mit Fackelzug.

Passau, 11. September:
Gestern abends ½ 9 Uhr fand ein glänzender Fackelzug zu Ehren der hohen Gäste vor der Wohnung der Kaiserin statt, wobei sich unsere Militärmusik, unter der trefflichen Leitung des Musikmeister Herr Mader, rühmlich auszeichnete. Die Kaiserin, sowie sämtliche hohe Verwandte derselben, die während der Musik das Souper [siehe Sissi-Menü] einnahmen, sollen sich wiederholt äußerst günstig über diese gelungene Festlichkeit ausgesprochen haben. Der Aufenthalt der hohen Gäste soll sich zur Freude der ganzen Einwohnerschaft noch bis Sonntag erstrecken, da die Ankunft noch einiger hoher Herrschaften erwartet wird.

Passau, 12. September:
Der lebhafte Wunsch der hiesigen Einwohnerschaft, Ihren Majestäten, der Kaiserin von Österreich und der Königin von Neapel, eine Ovation zu bringen, kam bisher wegen des beobachteten strengen Incognito und weil im voraus alle Feierlichkeiten verbeten waren, nicht zur Erfüllung [...]. Glücklicher war die Liedertafel, deren schon vor drei Tagen angebotene Serenade angenommen wurde. Demzufolge zog dieselbe gestern abends 8 ½ durch die Fischer- und Steiningergasse über den Residenzplatz in die Schrottgasse vor den Gasthof des Herrn Anton Niederleuthner, dem Absteigequartier Ihrer Majestät der Kaiserin von Österreich, woselbst sich auch Ihre Majestät die Königin von Neapel eingefunden hatten. Feuerwehr

Eine Aufnahme des Hotels „Zum Wilden Mann" (oberhalb des Eckhauses) um 1880.

und Turnverein waren zur Mitwirkung eingeladen, erschienen in großer Anzahl und übernahmen die Führung der farbigen Lampen und die Aufrechterhaltung der Ordnung. Als sich der Zug entfaltete, gewährte dessen Anblick jedem Teilnehmer die Überzeugung, daß die zusammenwirkenden Vereine alles aufgeboten haben, was die Begeisterung für die Sache und die zu Gebote stehenden Mittel zu ermöglichen. Voran zog eine Abteilung Feuerwehr mit und Turner mit farbigen Ballons; diesen folgte ein Blechmusikchor, diesem die beiden Fahnen, diesen die Mitglieder der Liedertafel, welche zwei Mann hoch aufmarschierten, und zu beiden Seiten zogen je ein Mann der Feuerwehr und Turner mit farbigen Lampen. Die Serenade begann mit dem Wahlspruche und einem Hoch auf die allerhöchsten Gäste, in welches die versammelte Menge kräftig einstimmte. Nach dem ersten Liede geruhten Ihre Majestäten die Kaiserin von Österreich und Königin von Neapel den Liedertafelvorstand vorzurufen, und denselben zu versichern, daß der Empfang, welcher Ihren Majestäten von den Einwohnern der Stadt Passau zu Theil wurde, insbesonders die Serenade der zusammenwirkenden Vereine eine besonders günstige Aufnahme gefunden haben, und wurde der Liedertafelvorstand beauftragt, dieses den Beteiligten allenthalben zu eröffnen, welcher Auftrag sofort vollzogen wurde. Nach dem Absingen von 4 Liedern entfernte sich der Zug in der Ordnung, wie er angekommen war. Die mitwirkenden Vereine schätzen sich glücklich, durch einen Act ehrfurchtsvollster Huldigung die Gesinnung der ganzen hiesigen Stadt repräsentiert zu haben.

Passau, 14. September:
Heute früh ½ 8 Uhr empfing Se. Bischöflichen Gnaden [Anm.; Heinrich von Hofstätter] und das hochwürdige Domkapitel unter dem Geläute sämtlicher Glocken die hier anwesenden allerhöchsten und höchsten Herrschaften am Portale der Domkirche und celebrierte hierauf die heilige Messe. Während derselben wurden von den Zöglingen des bischöfl. Knabenseminars passende Gesänge mit besonderer Präzision vorgetragen. Se. Bischöfliche Gnaden begleiteten sodann die allerhöchsten Herrschaften unter dem Geläute aller Glocken an das Portal, wo er Hochdenselben seinen bischöfl. Segen erteilte. Um ½ 10 Uhr verliesen ihre Majestät die Kaiserin unsere Stadt, begleitet von den herzlichsten Segenswünschen der ganzen Einwohnerschaft. Die Königin Marie wird sich vorerst noch im Kreise ihrer Familie zu Biederstein einige Zeit aufhalten und von da wieder nach Rom zurückkehren, Ihre Majestät die Kaiserin Elisabeth von Österreich hat Ihre hohe Liebenswürdigkeit für die Stadt Passau noch dadurch gesteigert, daß Sie bei Ihrer heutigen Abreise von hier als Armenunterstützung die beträchtliche Summe von 200 Gulden zurückgelassen hat.

Die Kaiserin-Elisabeth-Brücke in Passau

Ein Kochbuch verrät den heimlichen kaiserlichen Besuch in Passau

War der erste Logier-Besuch von Kaiserin Sissi 1862 schon allseits bekannt, so findet sich im zweiten Kochbuch ein Speisezettel, wonach Anna Niederleuthner die Kaiserin am 19. Juli 1878 ein zweites Mal verköstigte. Am 14. Juli 1878 ist im Fremdenbuch hinter dem Eintrag "C. Woog, Paris" der Name „Kaiserin Elisabeth" vermerkt. Ob C. Woog ein Pseudonym oder ein Mitreisender der Kaiserin war, kann nicht mehr festgestellt werden. Auch ließ sich nicht klären, ob die Kaiserin länger im „Wilden Mann" übernachtete. Für einen längeren Passau-Aufenthalt spricht aber, daß diese Eintragung vom 14. Juli datiert und das „Soupper" am 19. Juli 1878 eingenommen wurde. Abgesehen von der Familie Niederleuthner konnte die Kaiserin diesmal wirklich „incognito" in Passau verweilen.

Brautfahrt der Herzogin Elisabeth in Bayern

Sissi wurde 1837 in München als Tochter des Herzogs Max in Bayern und der Herzogin Ludovika geboren. Am 15. August 1853 traf die Herzogin mit ihren Töchtern Helene und Elisabeth auf Einladung ihrer Schwester, der Erzherzogin Sophie von Österreich, in Bad Ischl ein, um Kaiser Franz Josef I. vorgestellt zu werden. Entgegen der Absicht seiner Mutter verliebte sich der Kaiser in die noch nicht 16jährige Prinzessin Elisabeth. Bereits drei Tage später, am Geburtstag des Kaisers, hielt Franz Josef um die Hand seiner Cousine, Herzogin Elisabeth in Bayern, an. Die Trauung in Wien wurde auf den 24. April 1854 festgelegt. Bei schönstem Frühlingswetter wurde Elisabeth im sechsspännigen königlichen Reisewagen unter herzlichstem Jubel nach Deggendorf geleitet. Von hier brachte sie das kaiserliche Schiff nach Wien, das am 21. April 1854 um 2 Uhr nachmittags in Passau eintraf. Die Stadt Passau ließ es sich nicht nehmen, die zukünftige Kaiserin von Österreich, in der letzten Stadt auf bayerischen Boden, herzlich zu verabschieden. Bürgermeister Dominikus Praßlsberger hielt an die Kaiserbraut eine Ansprache und

brachte die Segenswünsche seiner Stadt zum Ausdruck. Elisabeth dankte freundlichst für die ihr entgegengebrachte Huldigung. Unter Hochrufen der Bevölkerung und Böllerschüssen von Oberhaus zog ihr Dampfschiff, die „Stadt Regensburg", gefolgt vom Dampfer „Diana" mit der österreichischen Brautdelegation, vorbei an den Musikkorps, dem Chor der Liedertafel und der begeisterten Bevölkerung, nach Linz in die „Arme" des Kaisers.
50 Jahre später, am 10 Juli 1904, wurde am Rathausturm eine Bronzeplastik enthüllt, auf der Kaiserin Elisabeth abgebildet ist, mit folgender Inschrift: Dem Andenken Weiland Ihrer Majestät der Kaiserin Elisabeth - Höchstwelche am 21. April 1854 - Auf Ihrer Donau-Brautfahrt - Nach Wien Hier In Passau Von Den Bayerischen Landen Abschied Nahm - Errichtet 1904.
Am 15. März 1985 wurde mit der Wiedereröffnung des Hotels „Wilder Mann" durch die Familie Höltl ein zweites „Sissi-Denkmal" geschaffen. Die Tatsache, daß in dem Haus, in dem einst Anna Niederleuthner für Bürger und Kaiserinnen gekocht hat, heute unter anderem die größte Kochbuchsammlung der Welt aufbewahrt wird, kann auch als Ehrerbietung für die Kochkünste Niederleuthners angesehen werden.

Die Wirtin und Mutter Anna Niederleuthner

Die höchste Auszeichnung für ihre Kochkunst erhielt die „Weinwirtin", wie sich Anna Niederleuthner bescheiden nannte, von der Kaiserin Sissi. Entgegen dem üblichen strengen Hofzeremoniell verzichtete die Kaiserin in Passau auf die übliche mitreisende Hofküche. Ursprünglich sollte die persönliche Küche aus Wien mitgebracht werden. Daß dieses Vorhaben fallengelassen wurde, unterstreicht den Ruf der Passauer Köchin.
Anna Niederleutner war aber nicht nur eine tüchtige Geschäftsfrau, sie hat sich auch intensiv um die Erziehung ihrer Kinder gekümmert. Besonders ihr Sohn Anton, der spätere königlich-bayerische Oberamtsrichter in Passau, wurde von

der Mutter gefördert und unterstützt. Durch sein Engagement hat er die Geschicke der Stadt Passau um die Jahrhundertwende maßgeblich geprägt. Als Dank für seine Leistungen wurde er 1887 zum Ehrenbürger der Stadt Passau ernannt. Leider hat Anna Niederleuthner keine Nachfolgerin für sich finden können, so daß sie 1880 den Wirts- und Hotelbetrieb einstellte. Ihr Sohn Joseph führte lediglich den Weingroßhandel weiter. Anna Niederleuthner starb am 7. März 1897 mit 74 Jahren.

Die Passauer Zeitung berichtete am 10. März:

Unter ungewöhnlich zahlreicher Beteiligung wurde gestern Vormittag, die irdische Hülle, der am Sonntag früh verstorbenenen Weinhändlers- und Gasthofbesitzers-Witwe Frau Anna Niederleuthner zur letzten Ruhe gebettet. Dem mit Blumen und Kränzen überreichlich geschmückten Sarge, der zu beiden Seiten von aktiven Mitgliedern der freiwilligen Sanitätskolonne in Uniform flankiert wurde, folgten außer den Angehörigen und zahlreichen Verwandten der Entschlafenen auch die Zöglinge des städt. Waisenhauses sowie Leibtragende aus allen Kreisen der Bevölkerung in großer Zahl, darunter insbesondere viele Damen. Der die Einsegnung der Leiche vornehmende Herr geistliche Rat, Dompfarrer Dr. Gundlach, hielt am offenen Grabe eine tiefergreifende Trauerrede, in welcher er die Dahingeschiedene als Muster einer deutschen Bürgersfrau vor Augen führte und namentlich deren vortreffliche Herzenseigenschaften, ihren rastlosen Fleiß, die liebevolle Fürsorge für die Ihrigen, sowie ihren edlen wahrhaft chrsitlichen Wohltätigkeitssinn, wodurch sie sich ein unvergängliches Denkmal in den Herzen Vieler gesetzt hat, hervorhob...

Dankes- Erstattung.

Für die ausserordentlich vielen Beweise herzlicher Theilnahme, welche wir anlässlich des Hinscheidens und der Beerdigung unserer lieben Mutter, Schwiegermutter, Grossmutter, Schwester, Schwägerin und Tante

Frau Anna Niederleuthner,

geb. Obermüller,

Weinhändlers- und Gasthofbesitzerswittwe,

von allen Seiten empfangen haben, sowie für die zahlreichen Blumenspenden sagen wir unsern tiefgefühlten Dank.

Insbesondere danken wir dem hochw. Herrn Dompfarrkooperator Garhammer für seine liebevollen Krankenbesuche, dem hochw. Herrn geistl. Rath Dr. Georg Gundlach für seine so treffenden Worte am Grabe, sowie der freiwilligen Sanitätskolonne.

Passau, 9. März 1897.

2526

Die tieftrauernd Hinterbliebenen.

Die Danksagung für eine kaiserliche Köchin in der Donau-Zeitung vom 10. März 1897.

Festtafel aus der damaligen Zeit.

Sissi-Menüs

Die Speisezettel für die Menüs, die Anna Niederleuthner für die Kaiserin Elisabeth zubereitet hat, finden sich für den Besuch im Jahr 1862 in der Kochbuchsammlung „Hotel Wilder Mann, Passau“ außerdem hat die Wirtin die Menüs in ihr Kochbuch Nr. 1 eingetragen. Beide Fassungen weichen stark voneinander ab. Es ist für uns heute nicht zu klären, welche Menüs wirklich aufgetischt wurden. Die abgedruckte Version stellt die bisher unveröffentlichte Menüfolge aus dem Kochbuch Nr. 1 dar. Das Menü für den „geheimen“ Sissi-Besuch am 19. Juli 1878 findet sich im Niederleuthnerischen Kochbuch Nummer 2, das ebenfalls im Stadtarchiv Passau verwahrt wird. Leider hat Anna Niederleuthner nicht von allen Menügerichten die genaue Rezeptur festgehalten. Doch nach einem Durcharbeiten des Kochbuches können Sie sicher alle Sissi-Menüs im Sinne der Wirtin des „Wilden Mannes“ nachkochen.

Speisezettel bei der hohen Anwesenheit Ihrer Mayestät der Kaiserin Elisabeth von Österreich, der Frau Herzogin Max von Bayern und der Königin Marie von Neapel am 8ten September 1862.

Diner am 8t 10 Gedeck
Königin Suppe
Seekrebs mit Majones
Forellen mit Holandessoß
Fille mit jungem Gemüsen garniert und Maderasoß
Blumenkohl mit gefühlte Schwäme
Reh Fille mit Trüffel
Haselhühner, Salat
Aprikosen Geschaumtes
Gemischtes Kompot
Deser in reicher Auswahl

Annanas und schönes Obst
Eis im Blumenkorb
Kaffee

Die Speisezettel waren Arbeitszettel für Küche und Bedienung und waren nicht für den Gast bestimmt. Die Gerichte wurden dem Rahmen entsprechend festlich angekündigt und erläutert.

Die Königinsuppe war ursprünglich als „Hühner Suppe" deklariert und wurde „umgetauft".

Seekrebs = Hummer
Hollandessoß = Holländersauce
Fille = Filet
Reh Fille = Rehfilet
Das Eis wurde in einem Gebäck, Hohlhippen, in Blumenkorbform serviert.

Diner am 9t Septb. 15 Personen
Blumenkohl Suppe
Forellen
Rostbeef garniert mit Verschiedener
Stoizinär mit kleiner Kotlet in Papier u. Schinken
Enten auf italienischer Art mit grüne Gurken
Fasan mit Salat
Schokolad Grem mit Hippen
Kompot
Deser Punschtorte
Eis
Kaffe

Roßbeef = Roastbeaf = Lende
Stoizinär = Wir vermuten Käse, sind uns aber auch nicht sicher.
Verschiedener = verschiedene Beilagen
Hippen = Hohlhippen

Diner am 10t Sbr 17 Gedeck
Julien Suppe
Seekrebs
Fische
Beefsteak mit Trüffel und kleinen Kartofel
Blumenkohl garniert
Rebhühner Pastete mit Soß
Kapaun mit Salat und Oraschen
Dona Maria Budin mit Weichselsoß
Kompot
Desert
Eisfigur Tauben
Kaffe

Julien =Julienne = in Streifen geschnittenes Gemüse
Oraschen = Orangen
Budin = Pudding
Das Eis wurde sehr aufwendig in Form einer Taube gestaltet.

Diner am 11t Septbr 15 Gedecke
Rebhuhn oder falsche Schildkröt Suppe
Gesulzte Forellen mit Krebsen geziert
Rindfleisch mit Soß u. Kaltem
grünen Zuckererbsen mit Netzrollen
Hühner mit Schambilio im Reiskrantz mit Krebssoß
Fasan mit Salat
Oraschen Auflauf
Zwetschgen Kuchen
Kompot
Deser
Eis mit Hippen geziert

Kaltem = hier: Heringssalat
Schambilio = Schambio = Champignon

Diner am 12t. 16 Gedek
Festtagsdiner
Krebssuppe
Seekrebs in Majonese
Hechten mit Kartofl
Spinat mit Semeln u. Omlet
Eierspeise mit Kraut
gebackene Forelle
Fischbudin mit Salat. Soß von der Forelle
Schadirten Grem
Englischer Kuchen
Kompot
Desert
Eis
Fleischspeisen
Rindfleisch mit Soß u. Gemüse
Rehbraten mit Trüffel
Haselhühner

Hechten = kleine Hechte
Kartofl = Kartoffel
Schadirten Krem = verschiedene Cremes wie Schokolade, Vanille und Erdbeere durchgezogen

Diner am13t Septb 15 Gedek
Französische Kräutersuppe
Hechten mit Hollandersoß
Roßbeef mit Madera und schön garniert
Blumenkohl mit Hasche Pastetchen
Hühner mit Trüffel u. Schambio gedünste
Fasan u. Salat
Muskatzien Budin mit Burgundersoß
Kompot
Deser

Eis
Früchtenkrantz
Kaffee
Muskatzien Budin = Süßweinpudding

Abends um ½ 9 Uhr
Alle Tage Thee mit verschiedenen kalten
und warmen Fleisch und Obst.

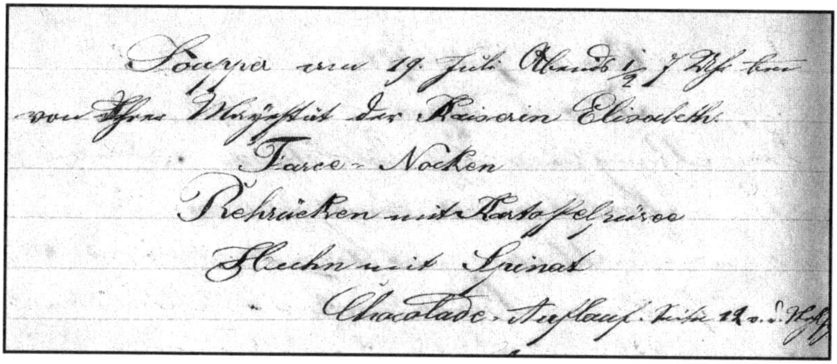
Soupper am 19. Juli Abends ½ 7 Uhr
von Ihrer Majestät der Kaiserin Elisabeth.
Farce-Nocken
Rehrücken mit Kartoffelpürree
Huhn mit Spinat
Chocolade-Auflauf.

Soupper am 19. Juli Abends ½ 7 Uhr von Ihrer Majestät der Kaiserin Elisabeth
Farce Nocken
Rehrücken mit Kartoffelpürree
Huhn mit Spinat
Chocolade-Auflauf
Dieses, im Vergleich zur Speisenfolge im Jahr 1862 eher bescheidene „Soupper", bereitete Anna Niederleuthner am 19. Juli 1878.

Suppen

Wurzelsup

Man schneidet gelbe Rüben, Paßkanat, Bori, weiße Rüben länglich zusammen. Dann gibt man Fett in ein Raindl und die Wurzel daran, laß es weich dünsten, dann gieß es mit Sup auf. Beim Anrichten kommt kleines Brod hinein.

Bori = Poree = Lauch

Sie können selbstverständlich alle Wurzeln, z.B. Sellerie und Petersilienwurzel nach Marktangebot und Jahreszeit verwenden.

Sup = Suppe selbständig oder zum Aufgießen

Paßkanat = vermutlich Pastinaken = große Petersilienwurzel, wird meist als Aroma verwendet

Kräutl Sup

Man schneidet ein Suppenkräutl fein zusammen, dann gib ein Stück Fetten in eine Rein und etwas Mehl daran, laß es ein wenig anlaufen, gib das Kräutl darein, laß es dünsten, dann gib Sup darauf, laß es nochmals aufkochen, dann gib in ein

Häferl etwas Milch und Eierdötter, gieß die Sup darauf, laß es aber nicht mehr aufsieden und beim Anrichten kommt kleines Brod hinein.

Kräutl = Küchenkräuter = Petersilie, Schnittlauch, Estragon, Dill, Maggikraut etc.
Fetten = Fett
Häferl = kleiner Topf

Fasch-Knödlsup

Man wiege rohes Kalbfleisch zusammen, stoße es dann im Mörser, dann gib es in eine Schüssel und treibe ein Stück Butter daran, schlage Eidotter daran, aber nicht von allen Klar den Schnee, dann Milch geweichte Semmeln, hernach schlage es in eine siedende Sup.

Fasch = Farce = oder Gehacktes von Fleisch oder Wild
Klar = Eiweiß

Mandl-Sup

Nimm eine Handvoll Mandeln, schweln es und stoß sie grob, eine Halbe süße Milch nimm in ein Häferl, laß sie sieden. Die Mandeln darin zuckern es und richten es auf gebackenen Semmeln, wie man will kann man auch Eierdötter darangeben.

Süße Suppe
Mandlsup = Mandelsuppe
schweln = schwelgen = die Haut abziehen, d. h. die Mandeln werden mit Schale kurz aufgekocht; dann kann man sie leicht von der braunen Haut lösen.
Halbe = halber Liter

Leber-Nockerl

Man wiegt eine Leber fein zusammen, treibt etwas Fett ab, schlägt Eier daran, gibt die Leber hin-

ein, auch Semmelbresel und ein wenig süße Milch und Mehl, salzen und pfeffern, dann schlage es in eine siedende Sup.
abtreiben = schaumig rühren

Geselchte Fleischknödel
Welche man gerade so macht wie die Lebernockerl, nur anstatt der Leber kommt feingewiegtes, geselchtes Fleisch darunter.
Geselchtes = Geräuchertes

Gestoßene Lebersup
Schneide die Leber in Stücke, kehre es in Mehl um und backe es im Schmalz, auch Semmel und Eier dazu backen, dann wird es fein gestoßen, hernach in Butter gedünstet, mit Mehl angestaubt und mit Sup aufgegossen, dann wird es durchpassiert und kommt kleines Brot hinein.
Diese Zubereitungsart ist erstaunlich; daraus wird eine gebundene, cremige Lebersuppe.
stoßen = zerkleinern
dazu backen = dazupacken, dazugeben

Wein-Sup
Lasse ein wenig Mehl in Butter anlaufen, siede den Wein mit Zucker, Zimt, Nelken und Zitronenschalen, gieße es damit auf, laß es aufkochen. Beim Anrichten legieren und gib echtes Brot hinein.
Süße Suppe.
legieren = mit Sahne und Eigelb binden, darf nachher nicht mehr kochen
anlaufen = anschwitzen

Mehlschöberl in der Sup

Treibe Eier mit Butter pflaumig ab, schlage 4 Eidotter daran. Die Klar zu Schnee und auch darunter , dann 4 Löffel Mehl, schmiere ein Blech mit Butter, lasse es aus und backe es darin im Rohre heraus, dann in Stücke geschnitten und in der Suppe aufsieden.

pflaumig = flaumig = schaumig
auslassen = in Form oder auf Blech gießen

Leberschöberl

Man treibt es ebenso ab wie das Mehlschöberl, gibt dann eine fein gewiegte Leber daran und statt dem Mehl Semmelbresel. Backen und in der Sup aufsieden.

wiegen = mit dem Wiegemesser klein machen

Kartoffel-Knödel

Man reibt gesottene Kartoffel, treibt es mit Butter ab, schlagt Eier daran und ein wenig sauren Rahm. Dann etwas Mehl, macht dann kleine Knödel, backt sie in Schmalz und siedet sie in der Sup auf.

gesottene = gekochte

Hirn-Wandl

Treibe Butter pflaumig ab, schlage Eierdötter daran. die Klar zum Schnee, dann in Milch geweigte Semmeln und gehacktes Hirn, gut salzen und Muskatnuß, dann fülle es in ein Wandl, backe es im Rohr oder stelle es in Dunst.

Zutaten: Alle Zutaten 1:1 (Suppeneinlage)
Wandl = Form (Schöberlform)
geweigte = geweichte
Dunst = kochendes Wasserbad

Beischel-Sup vom Karpfen

Man siedet das Beischel mit halb Essig, halb Sup, Lorbeerblatt, Zwiebel, Pfeffer und Zitronenschalen. Mach es dann mit einer Einbrenne, gieß es mit Erbsensup auf und gib ein gebehtes Brot hinein.

Beischel = Beuscherl = Lunge; bei Fischen gibt es keine Lunge, es werden dafür Milchner, Leber und Kopffleisch verwendet.
gebehtes Brot = gebähtes Brot = geröstete Brotscheibe

Schir-Suppen

Gib in ein Kasserolle ein Stück Fetten und Wurzeln, auch Zwiebelscheiben, dann gib Kalbs- und Rinderbein hinein, laß es ein wenig gar braten bis die Beine braun sind und dann gieß das Ganze mit Sup auf. Darein geben kann man was man will.

Schirsuppe = klare braune Brühe
Früher wurden nicht nur klare, sondern auch braune Suppen zubereitet. Sie wurden mit denselben Einlagen serviert.
Kalbs- oder Rinderbein = Suppenknochen

Rahm Knöderl

Man treibt ein Stück Butter recht pflaumig ab, schlage Eierdötter daran, Semmelbresel und ein paar Löffel sauren Rahm, die Hälfte Klar zu Schnee, salzen und Muskatnuß darein. Mache kleine Knödel und backe sie in heißem Schmalz.

Rahmknöderl dienen als Suppeneinlage; sie können auch im Rohr gebacken werden.

Nockerl in Dunst in der Sauerampfensup

5 Eier schlägt man in ein Haferl ab, gibt etwas Sup oder Milch daran, salzen und pfeffern, Muskatnuß. Dann gib es in ein mit Butter geschmiertes Blech in Dunst, dann steche es mit einem Löffel aus und

gib es in die Sauerampfensup. Welche gemacht wird wie die Kräutlsup und legiert.
Sauerampfen = Sauerampfer
legiert = mit Sahne und Eigelb binden
Den Sauerampfer können Sie frisch von der Wiese holen.

Gebackene Erbsensup
6 Kochlöffel voll Mehl mit ein wenig Salz werden mit Milch angerührt. 6 Eier geschlagen. Der Teig muß dicklich sein, dann laßt man es durch einen Schaumlöffel ins heiße Schmalz tropfen, laßt sie gelb werden die Erbsen. Dann gib es in einen Suppentopf und gib siedende Sup darüber.
gebackene Erbsensup = Backerbsensuppe

Lungenkrapferl-Sup
Wiege eine gestoßene Lunge fein zusammen, röste dann in einer Reine etwas Semmelbresel in Butter, gib die Lunge darein, laß es ein wenig rösten. Schlage einige Eierdotter daran. Danach ein Löffel voll sauren Rahm, salzen und pfeffern, dann macht man einen Strudelteig, walge ihn fein aus und gib von der Lunge kleine Krapferl darauf, einen Teig darüber und mit den Krapfen ausradeln und mit Eiern überstreichen und dann in der Sup aufsieden lassen. Beim Anrichten kommt braune Sup daran.
Lungenkrapferl = Maultaschen, mit Lunge gefüllt; diese können auch in einer Rinderbrühe serviert werden
walgen = walken, rollen

Braune Sup von Fischen zur Fastenzeit
Für 8 Personen setzt man eine Maß Erbsen zu, nebst Wurzeln mit kaltem Wasser. Dann werden 2 Pfund Karpfen in Stücke gehauen, mit einem

Tuch abgetrocknet. Hernach nimmt man in eine Kasserolle 8 Loth Butter, legt die Fische hinein, schneidet Zwiebelscheiben und Wurzeln daran, streut soviel Mehl als man zwischen 4 Fingern halten kann, läßt es kochen, daß es braun wird, dann treibt die gesottenen Erbsen durch und gieß die Sup darauf. Läßt es eine halbe Stunde kochen und richte es über gebackene Erbsen an.

Diese besondere Suppe zur Fastenzeit bedarf einer Erklärung: Einen Liter Erbsen mit Wurzelgemüse in kaltem Wasser einweichen und später kochen. 2 Pfund Karpfen in Stükke schneiden, abtrocknen, mit einem Viertelpfund Butter, etwas Zwiebeln und Wurzeln anbraten, mit 100 Gramm Mehl bestäuben, braun anrösten. Anschließend mit der passierten Erbsensuppe aufgießen, eine halbe Stunde kochen und mit Backerbsen servieren.

Diese Suppe kann mit jedem Fisch genauso zubereitet werden.

Fridatten-Sup

Man nimmt ein wenig Mehl, richtet es mit Milch an, schlägt Eier daran, dann laß ein wenig Schmalz auf einen Reindl heiß werden, gieß ein bißchen Teig darauf und backe ihn schön bräunlich, dann schneide feine Nudel und gib es in die Sup.

Fridattensuppe = Pfannkuchensuppe; sie findet man heute noch in Österreich auf jeder Speisekarte.

Enten-Sup

Man nimmt von einer Ente Mägerl und Flügerl auch Herz, blanschiert es ein wenig, dann gib in ein Reindl etwas Fett, schneide das Mägerl und die Flügerl in Schnitzel, dünste es, dann mit Mehl stauben und mit Sup aufgießen, dann macht man kleine Breselknöderl.

blanschiert = blanchiert = kurz aufkochen, mit kaltem Wasser nachwaschen
Bresel = Brösel
Bröselknödel als Einlage
Reindl = kleine längliche Back- und Bratform

Baumwohl- oder Pflaumsup

Man nimmt in ein Häferl ein wenig Mehl, rührt es mit Milch an, schlage ein paar ganze Eier daran, sprudle es ab, dann gieße es unter währenden Rühren siedende Sup daran, laß es aufkochen und richte es an.

Baumwohl oder Pflaumsup deshalb, weil Eierfäden „flaumig" in der klaren Brühe schwimmen. Einlauf- oder Eierflockensuppe.
absprudeln = verquirlen

Schnecken-Sup

Man siedet die Schnecken, ziehe ihnen die Haut ab, hernach mit Zwiebel fein gewiegt, tu es in ein Reindl und laß es in Schmalz oder Butter rösten, dann ein wenig Semmelbresel oder Mehl daran, laß es anlaufen, dann mit Erbsensup aufgegossen und über Brot anrichten.

Ab September können auch bei uns die großen Weinbergschnecken geerntet werden. Im Fachhandel gibt es einen Schneckenring, mit dem Sie die richtige Größe abernten können. Sie können die Schnecken selbstverständlich auch aus der Dose oder tiefgefroren für dieses Rezept verwenden. Statt Erbsensuppe können Sie auch Fleisch- oder Gemüsebrühe nehmen.

Speck-Knödel

Man bröckelt Semmel recht fein und weicht sie mit Milch an, dann schneidet man Speck fein, zusammen mit Petersil darauf, laßt ihn heiß werden, dann in die Bröckl geben, dann Eier und ein wenig Mehl daran, dann recht klein in die siedende Sup schlagen.

Bröckl = die zerkleinerte, aufgeweichte Semmel

Der Speck kann wie hier unter den Knödelteig oder auch in die Mitte als Fülle gegeben werden.

Kaisernockerl

Schlage 4 ganze Eier in ein Häferl, schlage es gut ab, dann gib 6 Eiergugen Fleischsup mit etwas Salz, dann schmiere ein Blech mit Butter, gib es daran und stelle es in ein Kasseroll mit siedenden Wasser, laß es solange kochen bis es gestockt wird. Dann nehme es heraus und schlage es in die braune Sup, darf aber nicht mehr sieden.

Gugen = Guken = halbe Eierschale = 30 Gramm oder 0,03 Liter

schlage es gut ab = verquirlen

Nockerl = hier: aus der gestockten Eimasse mit dem Löffel ausgestochen

Kasseroll = Kasserolle = Kochtopf, flacher Topf mit Deckel

Kalbskopf-Sup

Man siede einen Kalbskopf, löse die Beinen aus und schneide das Fleisch gewürfelt, laß ein wenig Mehl in Butter anlaufen, gib gewiegtes Petersil darauf und den geschnittenen Kopf hinein, dann gieß es mit Sup auf und laß es kochen. Beim Anrichten kommen Breselknödel hinein.

Beinen = Knochen

Breselknödel = 1 Teil Butter, 1 Teil Eier, 1 Teil Brösel

Leberknödel mit Speck

Wiege eine Kalbsleber fein zusammen, auch Speck, gesalzene Semmelbresel in Butter, nimm dann ein Teil Leber ein Teil Speck und ein Teil Semmelbresel. Treibe es gut ab, gib gewiegten Zwiebel, Lemonenschalen, Petersilkraut, Majoran, gut salzen und pfeffern, dann Eier daranschlagen, daß sie in der Feste recht werden. Dann schlage es in die siedende Sup.

abtreiben = schaumig rühren
in der Feste recht werden = nicht zu hart und nicht zu weich
Die Kalbsleber kann durchgedreht werden.

Suppe von einer Henne

Man stoße das Fleisch von einer Henne mit 6 hartgesottenen Eierdöttern, eine Handvoll geschälter Mandeln sehr fein, dann setze in eine gute Fleischbrühe eine Semmel darein, laß es recht gut kochen, dann ein wenig vor dem Anrichten das gestoßene von der Henne hinein, dann laß es nur gut heiß werden. Durch ein Sieb passieren und richte es über fein und würflicht geschnittenes Brot an.

würflicht = in Würfel
Das rohe Hühnerfleisch kann durch den Fleischwolf gedreht oder im Mixer zerkleinert, mit den Eidottern und fein gehackten Mandeln vermischt werden. Anschließend gibt man „die Zutaten" in die obige Fleischbrühe; man darf sie jedoch nicht mehr kochen lassen. Klassische Geflügelkraftbrühe.

Melonen Sup

Schäle die Melonen ab, schneide sie in Würfel, dünste sie mit 1 Stück Butter, dann mache eine wenig helle Einbrenn mit Schalotten, fülle es mit

guter Sup auf, las es aufkochen, legier es mit Eier und richte es über gebackenes Brot an.
Die Suppe kann aus Honig-, Zucker- und Wassermelonen, aber auch aus Kürbis zubereitet werden.

Italienische Minister-Sup
Nimm eine sehr gute Fleischsuppe und laß sie kochen, schneide Speck, Pertersil und Knoblauch recht fein zusammen, putze gelben Wirsing und einen gewaschenen Reis, tu alles in die kochende Sup. Tu es kochen bis der Reis gebrochen ist. Gib ein wenig weichgesottene Speckschwarte hinein und sie ist fertig und gut.
Italienische Minister-Sup = Minestrone

Schildkröten-Sup
Man schneide Kalbfleisch und Rindfleisch, gelbe Rüben, Zwiebel und ein Lorbeerblatt. Tu es mit einem Stück Fett auf das Feuer, laß es anziehen bis es schön gelb ist, staube es mit ein wenig Mehl, fülle es mit Sup auf, lasse es gut aufkochen, dann passiere es durch und gib es mit geröstetem Brot zu Tisch.
Kannte man damals schon Artenschutz, weil kein echtes Schildkrötenfleisch verwendet wurde ?
Falsche Schildkrötensuppe = Mock-Turtle-Soup
Beliebte Prüfungsfrage für Kochlehrlinge: „Nennen Sie den Unterschied zwischen Schildkrötensuppe und Mock-Turtle-Soup !“
Die berühmte Ableitung davon ist die Lady Curzon: Schildkrötensuppe mit Eigelb und Curry legiert, mit Schlagsahne und Curry überbacken.

Fleischstrudel

Man wiegt ungefähr ein Pfund saftiges Rindfleisch zusammen nebst Zugehör, weicht ein Kreuzer Semmel in Milch, treibt Fett ab und schlagt 2 Eier daran, gibt das Gewiegte nebst Semmel daran, streicht dann die Farce auf einen ausgewalgten Strudelteig und legt ihn einfach zusammen, drückt ihn mit dem Walger ab und siedet langsam in Salzwasser, alsdann in der Sup.

Ein Pfund Rindfleisch brauchen Sie nicht mehr wiegen, sondern fein wiegen, d. h. zerkleinern oder durch den (Fleisch-) Wolf drehen.

Walger = Walker = Nudelholz

Zugehör = Gewürz nach Geschmack

Ein-Kreuzer-Semmel = kleine Semmel (ca. 50 Gramm) im Gegensatz zu Zwei-, Drei-, oder Vier-Kreuzer- Semmel

Saure Rahmnöckerl in der braunen Sup

Ein Löffel Rahm, ein ganzes Ei gut verrühren, dann geriebene Semmelbresel dazu, daß sie nicht zu fest werden, in heißes Schmalz kleine Nöckerl schlagen, in der Sup noch aufkochen.

Nöckerl = Nockerl

Achten sie darauf, daß die Nockerl durch zuviel Semmelbrösel nicht zu fest werden !

Alle Suppeneinlagen können auch in der Rindssuppe, Hühnersuppe, sowie in der braunen Suppe serviert werden.

Saucen

Zwiebelsoß

Lasse Fett und Zucker heiß werden, gib dann Mehl daran, bräune es gut, dann geschnittenen Zwiebel darein, laß ihn noch ein wenig braun werden, dann fülle es mit Sup auf und mit Branntweinessig säuern, in Salz den gehörigen Geschmack geben und durchpassieren.

Statt Branntweinessig kann auch guter Weinessig verwendet werden. Diese Sauce eignet sich für kurzgebratenes Rind- und Schweinefleisch. Wir empfehlen die Zwiebel in der Sauce zu belassen.

Sauerampfensoß

Dünste den Sauerampfen in etwas Fett, staube ihn mit Mehl an, dann mit Sup aufgießen und beim Anrichten legieren.

Kurz vorm Servieren wird die Sauce mit Eigelb und Sahne abgezogen.

Diese Sauce paßt gut zu gekochtem Fleisch, Geflügel und Fisch; sie wird mit der jeweiligen „Sup" angegossen.

Lobersoß

Rühre etwas Mehl mit kalter brauner Sup an, gib Zitronenschalen, Zwiebel und ganzen Pfeffer mit einem Loberblatt hinein, richte es in Salz und Essigsäure gehörig zusammen und lasse es bei immerwährendem Rühren kochen, hernach durchseihen und beim Anrichten ganzes Loberblatt darauf legen.

Lober = Lorbeer

gehörig = wie es sich gehört

Sadeln Soß
Mache eine braune Einbrenn mit Zucker, gib dann feingewiegte Sadeln mit Zwiebel, Zitronenschalen und Petersilkraut darein, röste es noch ein wenig, dann gieß es mit Sup auf, mit Essig säuern, gehörig salzen und durchpassieren.
braune Einbrenn = 1 Teil Fett, 1 Teil Mehl mit Zucker braun rösten, Einbrenn = Mehlschwitze
Sadeln = Sardellen

Kapern Soß
Röste Mehl in Fett mit etwas Zucker braun, gib dann geschnittene Kapern mit Zwiebeln, Zitronenschalen und Petersilkraut hinein, dann ein Löffel voll sauerer Rahm, etwas Kapern oder Branntweinessig darein und mit Sup aufgießen, recht fein kochen lassen, dann durchpassieren und ganze Kapern darein geben.
fein kochen = langsam kochen

Kartoffel Soß
Laß ein wenig Mehl in Butter anlaufen mit feinem Petersilkraut, dann gieße es mit Sup auf, hernach gib ganze gestoßene englische Kartoffeln darein, ein wenig mit Essig säuern und gut aufkochen lassen.
Englische Kartoffeln = speckige Kartoffeln, gekocht

Schnittlauch Soß
Zertreibe kalte Eidotter recht fein, gib dann Provanzer Öl etwas daran, dann mit Essig ganz verdünnen und feinen Schnittlauch darein, man gibt es kalt zum Rindfleisch.
Provanzer Öl = vermutlich Olivenöl aus der Provence
kalten Eidotter zertreiben = gekochtes Eigelb fein hacken

Häring Salat zum Rindfleisch

Man schneide gesottene Kartoffel wie zum Salat und dann mische gewürfelt geschnittenen Häring, Schinken und Kapern darunter, auch Zwiebel und Äpfel, dann treibe den Milchner vom Häring mit Essig ab und mache alles durcheinander damit an, etwas salzen und so ist er fertig und gut.

Milchner = „Kaviar" vom männlichen Fisch
Häring = Hering
Sie können statt Milchner zur Bindung rohes Eigelb nehmen.

Hagebuttensoß

Pfetze etwas Semmelbresel in Butter dazu gib Hagebuttensaft darein und Zucker, dann fülle es mit roten Wein auf und laß es fein kochen.

pfetzen = rösten

Wachholderbeersoß

Röste etwas schwarze Brotbresel in Butter braun mit etwas Mehl, dann gib zerdrückte Wachholderbeeren hinein und gieß es mit den Schwarzwildstand an, laß es fein kochen.

Pomeranzen Kren als süßer Salat

Der Kren wird gerieben, auch Maschanzgeräpfel dazu, dann Wein und Zucker in einer messingeren Pfanne siedend gemacht. Der Geriebene hinein, dann reibt man Zucker an Pomeranzen ab, gibt ihn nebst dem Saft darunter und läßt es aufsieden, so daß es sich bindet, dann gieße es in eine Schale.

Pomeranzen = Bitterorangen
Maschanzgeräpfel = Marschanzeräpfel = Borstorfer Äpfel
Säuerliche Äpfel mit Wein und Zucker kochen, anschließend den Kren hinein (nicht mitkochen, da er sonst „ausraucht").

Rosinensoße

Man nimmt Rosinen, stoßt es, netzt einen guten Wein daran, dann durchtreiben, einen Dotter darein, Zucker, Zitronat und Muskatblüte, laß es sieden, solange ein Ei siedet.

Alle Zutaten im Mixer zerkleinern und dann im Wasserbad sieden, bis das Ei dicklich wird.

Ein guter Jus zu machen

Man setzt ein Kasseroll mit Fett auf, schneidet Zwiebel und gelbe Rüben dazu, wirft das Rind- und Kalbfleisch, auch die Knochen davon hinein, roher Schinken und das Fett davon auch, läßt es ordentlich rösten, füllt es dann mit Wasser auf, läßt es ordentlich schäumen, dann tut man noch dazu, Nelken und Pfeffer und läßt sie langsam kochen. Wenn das Fleisch von dem Kochen weich ist, ist sie fertig, dann passier sie ab. Man kann sie zu Suppen und Soßen brauchen.

Jus werden heute ausschließlich für Saucen verwendet.
Jus = Bratensaft

Gemüßer

Blaues Kraut mit Kastanien

Man dünstet das Kraut in Fett, gibt gleich etwas Essig daran, damit es die Farbe mehr behält, dann wenn es weich ist, stäube es mit Mehl an und dann nach wenigen Dünsten mit Sup aufgießen, die gehörige Essig und Salz säuer geben, hernach noch mit gesottenen geschälten Kastanien aufkochen lassen und damit auch anrichten.

gehörig Essig und Salz säuer geben = mit Essig und Salz die nötige Säure geben

Linsen Gemüß

Man siede die Linsen weich in Wasser, dann nimm gewürfelt geschnittenen Speck, laß ihn heiß werden und dann Zwiebel darein und etwas Mehl, das ein wenig braun werden darf. Seihe die Linsen ab und gib es darein und mit Sup aufgießen, mit Essig säuern und gut kochen lassen. Man gibt gerne Rebhühner darein, welche zuvor überbraten und

in den Linsen noch ganz ausgekocht werden.
Statt Rebhühner können Sie Fasan, Wachteln und Wildenten in das „Gemüß" geben.

Spargel Gemüß
Siede den Spargel im Salzwasser weich, laß dann Mehl in Butter anlaufen und gieße es mit dem Wasser wo der Spargel gesotten hat, auf, es muß so dick sein, daß es sich an den Spargel bindet. Reibe Muskatnuß hinein und laß es fein kochen. Dann richte den Spargel auf eine Anrichteschüssel und legier die Soß und gib es darüber.
anlaufen = anschwitzen
Weißer Spargel muß geschält werden. Wir vermuten, daß damals grüner Spargel verwendet wurde, der nicht geschält wird.

Kafiol Gemüß
Der Kafiol wird in Sup gesotten, die Soß ebenso gemacht wie zum Spargel, dann auch über den Kafiol geben. Die Soß darf ein bißchen dünner sein.
Kafiol = Karfiol = Blumenkohl

Gebackener Werschig
Man siede die ganzen Häubl in Salzwasser weich, schneide es dann in Stücke, drehe es in Eier um und backe es in Schmalz schön gelb.
Dann läßt man saueren Rahm warm werden, gibt etwas Mehl darein und laß es gut anlaufen, gießt es dann mit Sud auf und läßt es aufkochen und gibt gebackenen Werschig hinein.
Werschig = Wirsching
Häubl = Häupl = Häuptel = Kopf einer Gemüsepflanze, z. B. Kopfsalat

Gefüllte Kohlraben

Man schneide ein Plättchen von einem geschälten Kohlraben und höhlt ihn aus, dann treibe etwas Butter ab, schlägt Eier dran, dann fein gewiegten Kalbsbraten und milchgeweigte Semmel hinein, gut salzen und pfeffern, dann den Kohlraben damit füllen. Den Deckel wieder drauf legen, dann in eine Rein stellen, ein wenig Sup dran und weich dünsten lassen. Hernach Mehl in Butter anlaufen, gieße es mit der Sup, wo der Kohlraben gedünstet hat, auf, laß es gut kochen, dann stell den Kohlraben auf die bestimmte Schüssel und seihe die Soße darüber.

Kohlraben = Kohlrabi

Plättchen abschneiden = Deckel abschneiden

anlaufen = farblos anschwitzen

Anstatt feingewiegtem Kalbsbraten kann Hackfleisch verwendet werden.

Erbsen Gemüß

Man siedet die Erbsen recht weich, dann treibe es durch ein Sieb in eine Rein mit Butter und Semmelbresel, Zwiebel, Salz und Pfeffer. Ein wenig Sup daran, so aufkochen lassen, dann wenn sie angerichtet, sind in Butter gepfalzte Semmelbresel darüber und Geselchtes dazu geben.

gepfalzte = gebräunte

Anna Niederleuthner gibt zu diesem Erbsengericht warmes Geselchtes als Fleischspeis dazu.

Gefülltes Weißkraut

Der Krautkopf wird in der Mitte auseinandergeschnitten, dann blanchiert, in kaltes Wasser gelegt, unterdessen wird eine gute Kalbfleisch-Farce gemacht, die Krautblätter auf ein Tuch gelegt, mit Farce gefüllt, zusammengerollt, gebunden, dann in der fetten Fleischbrühe langsam weich gekocht, dann ausgehoben, wieder auf ein Tuch zum Entfetten gelegt, auf einer runde Platte angerichtet und darauf ein inzwischen gebackenes Brotherzchen gelegt, etwas Jus darüber gegossen.

gebackenes Brotherzchen = in Herzform ausgestochene Brotscheibe, in Butter gebraten, dient als Garnitur (Croutons).

Spinatauflauf

1 Stückchen Butter abrühren, dann etwas salzen und 2 in Milch geweigte abgerindete Semmeln daran rühren, dann etlichen fein gewiegten Spinat, 2 Dotter und zuletzt den Schnee, eine Auflaufform buttern und berieseln und backen.

Eine Auflaufform buttern und berieseln = Die Form zunächst buttern und dann mit Semmelbrösel bestreuen.

Fettlose Kartoffelbällchen

Die Kartoffeln werden gewaschen, geschält und ausgestochen. Eine eiserne Eierkuchenpfanne hat man sehr heiß gemacht. Dann werden die Kartoffel hineingegeben, mit Salz bestreut und bei starkem Feuer unter fortwährendem Schütteln gebraten, bis sie eine braune Kruste haben und innen weich sind. Die Kartoffelreste werden zur Suppe mitverbraucht.

Eierkuchenpfanne = Pfanne mit dickem Boden, heute: Pariser Kartoffel

Auflagen

Auflagen waren Beilagen, die zugleich auch als Unterlagen für Fleisch, Wild, Gemüse und Fischgerichte „darunterlagen“ oder „darüberlagen“.

Kartoffel Stritzl

Man schält rohe Kartoffel, siedet sie in der Fleischsuppe, treibt etwas Fett recht pflaumig ab, schlägt Eier daran, zerdrückt die Kartoffel fein, gibt sie darein, Salz und Pfeffer und etwas sauren Rahm daran und macht daraus diesen länglichen Stritzl, kehrt sie in Semmelbresel um und bäckt sie dann in heißem Schmalz und gibt es zur Auflag bei Gemüsen.

Stritzl = hier: kleine Teigrolle

Farciertes zur Auflag

Man treibt ein Stück Fett pflaumig ab, schlägt Eier daran, dann in Milch geweichte Semmel, rührt es gut ab, gibt dann einen feingewiegten Kalbsbraten darein, dann macht man in Bresel runde Laiberl und gibt dann auf ein KarbonadenReindl Butter und die Laiberl darauf und brate sie schön braun herunter.

Etliche Rezepte von Farciertem wurden aus verschiedenen Braten fein gewiegt und gewürzt. Diese Auflage erinnert an unsere Fleischpflanzerl, die hauptsächlich aus gekochten Bratenresten zubereitet wurden.

Netzwurst

Rohes Kalbfleisch wird zusammen gewiegt, nebst Zwiebel, Zitronenschalen und Petersilkraut, treibt etwas Butter ab, schlägt ein Ei daran, Semmel in

Milch geweicht, salzen und pfeffern, dann bestreiche das Netz damit, rollt es zusammen wie eine Wurst und brate sie schön gelb auf einem Karbonadenreindl herunter, dann wird sie in Radl geschnitten. Man kann sie auch in der Suppen sieden lassen und zur Suppe geben.

Die obige Hackbratenmasse wird in ein Schweins- oder Kalbsnetz gefüllt, in Wurstform gebracht und im Ganzen im Rohr gebraten.

Radl = Scheibe

Glasierte Schnitzel

Man hacke Kalbfleisch recht fein zusammen, formiere runde Flecke, gut salzen, dann gib auf ein Karbonadenreindl Butter und Zwiebelscheiben und leg die Schnitzel darauf, brate sie aus und nimm sie herunter, gieß ein wenig Suppe in Zwiebel und laß ihn braun werden, dann die Schnitzel wieder darein, daß sie braun werden.

glasierte = in der Pfanne goldbraun braten und mit dem braunen Saft (glace) überziehen, überglänzen

Schnitzel = hier: Gehacktes

Hirnschnitten

Siede ein Hirn, häute es ab, hacke es fein zusammen, Schnittlauch darunter, salze und pfeffere es, dann streiche es auf eine Semmelschnitte, leg es darauf, kehr es dann in Eiern um und back es in heißem Schmalz.

Die Weißbrotscheiben werden mit der Hirnmasse bestrichen und dann mit Ei paniert.

Grilirte Zunge

Siede eine rohe rinderne Zunge weich, dann ziehe die Haut ab, schneide sie in Stücke, salze und pfeffere sie gut, hernach einbreseln und in Fett schön bräunen.

grilirt = grilliert = am Grill oder Rost gebraten
einbreseln = panieren
Die Panade dient nicht immer nur als bestimmte Zubereitungsart, sondern auch als Schutz für Zartes.
rinderne Zunge = Rinderzunge
Wie die nachfolgende Leber kann auch die Zunge im Schmalz gebacken werden.

Grilirte Leber

Die Leber wird roh geschnitten, dann eingebreselt und grilirt wie die Zunge. Man kann sie auch in Schmalz backen und zur Beilage geben.

Gebackene Schwämme

Man nimmt zwei Handvoll Mehl, rührt es mit gesottener Milch an, fünf ganze Eier daran und salzen, der Teig muß so dick sein wie zu einer Tropfsuppe, tauche dann den Schwammodl darin ein und backe es in Schmalz schön gelb, dann schneide blanschierte Bries und Euter gewürfelt, treibe Butter ab, gib es darein mit feinem Petersilkraut, dann die Schwämme damit füllen, so gibt man es als Beilage. Man kann es auch mit Eingesottenem füllen und als Mehlspeise geben.

Schwämme = Schwammerl = Pilze
Schwammodl = Schwammerlform
Der Name „Gebackene Schwämme" ist etwas irritierend. Es ist kein Schwammerlgericht, sondern in einen dicken Pfannkuchenteig getauchte Schwammerlform, die im

Schmalz gebacken und noch warm gefüllt wird. Diese gebakkenen Schwämme wurden mit Süßem oder Saurem gefüllt.
gesottene Milch = gekochte Milch

Gebackener Stockfisch

Man brühe ihn mit siedendem Wasser ab und schneide ihn in Stücke, kehre ihn in Eiern um und bresle ihn ein, dann wird er in heißem Schmalz gebacken.
Stockfisch = getrockneter Fisch

Ungarischer Salat

Ein Häring, Gurken, Zelleri, Rote Rüben, Brücken, Kapern, geseihten Salat, Kartoffeln und harte Eier, Sardellen, Essig und Öl und fein gewiegte Zwiebel.
Zelleri = Sellerie
Brücken = hier: Paprika

Dotschi

5 Kartoffel werden abgeschält und gerieben, dann durchs Reibeisen, den rohen Saft auslaufen lassen. Dann gibt man das Geriebene in eine Schüssel, schlägt 1 Ei daran, und gibt soviel saure Milch daran, daß das Ganze so weich wird, als die Kartoffel vorher waren. Eine Pfanne bestreicht man recht gut mit Schmalz, gibt dann den Dotschi hinein, und oben drauf noch Bröckerl von gutem Schmalz. Im Rohr läßt man ihn bei raschem Feuer solange, bis er schön braun ist. Beim Anschneiden soll die Fette herunterträufeln.
Der Reiberdatschiteig wird nicht portioniert und in der Pfanne auf dem Herd, sondern in einer Reine im Rohr schön braun gebraten. Der Dotschi wurde dann je nach Verwendung geschnitten oder ausgestochen.

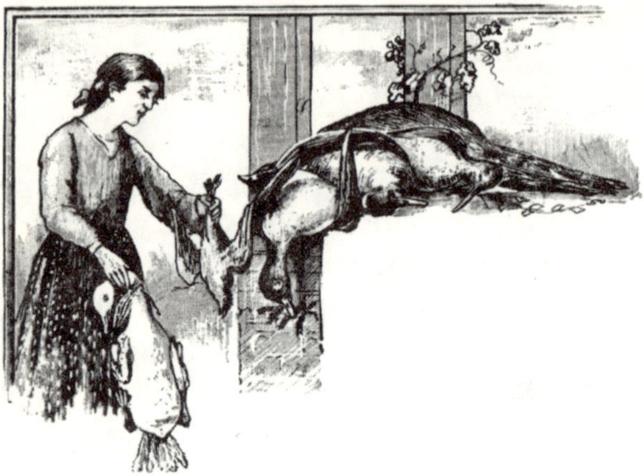

Geflügel und Wildgeflügel

Eingemachte Hühner

Tranchiere die Hühner, gib sie in ein Reindl mit Fetten, wenn sie verblutet haben, mit Mehl stauben, wenn es verkocht hat, mit Sup aufgießen und Zitronenschalen, man kann auch die Hühner ganze blanschieren und in Butter und Mehl anlaufen lassen, mit Suppe aufgießen, die Hühner tranchieren und darin geben. Zu dem Lammfleisch macht man die nämliche Soße.

eingemachte Hühner = Hühnerfrikassee = Zubereitungsart mit weißer Sauce

Rebhühner in der Salmi

Man überbratet die Hühner, tranchiert dann Brüstl, Flügel und Füße heraus und das Gerippe, stoße mit gepfatzten Brot recht fein, dann dünste es in Butter, staube es mit Mehl, dann gib Sup daran und roten Wein, auch sehr viel Gewürz, wenn es fein gekocht hat. Passiere es durch und

gib die tranchierten Rebhühner darein.
Salmi = Salmis = Ragout vom Wildgeflügel
gepfatzten = pfärzen = in Fett oder Schmalz rösten

Gänseleberpastete

½ Pfund Schweinefleisch werden fein geschnitten, zwei Gänseleber, Lorbeerblätter, Gewürz, Zwiebel, Zitronenschalen, Petersil, dazu vier Leber schneide man in Stücke, besprengt es mit Salz, macht von einem Ordinär Mehl einen festen Teig, walgt ihn fingerdick aus, bestreicht eine Kasseroll mit Schmalz, legt den Teig hinein, gibt eine Lage Farce, eine Lage Leber, bis es gar ist. Dann macht man von dem übrigen Teig einen Deckel schneide in der Mitte ein Loch, mache ein Kron darauf, bestreicht es mit Eiern, läßt es in mittlerer Hitze ungefähr zwei Stunden backen.
Ordinär Mehl = dunkles (Roggen-)Mehl
gar ist = hier: voll
Kron = (Teig-)Krone

Farcierter Kapaun

Man nimmt einen trockenen, gerupften Kapaun oder einen Indian, schneidet ihn auf dem Rücken auf, löst das Gerippe bis auf die Schenkel und auf die Flügel aus, macht von Kalbfleisch einen guten Farce nebst Zwiebel, Zitronenschalen, Petersil, etwas Fett, füllt den ausgelösten Kapaun damit nicht zu voll, näht ihn zu, bindet ihn in ein Tuch, tut in eine Kasseroll Zwiebel, Zitronen, Lorbeerblätter, etwas Butter, ein Glas Wein und läßt es mit dem Kapaun zwei Stunden kochen, dann tut man ihn heraus, gibt noch etwas weißen Wein, Kälberfüßstand mit Sup darüber, läßt es gut aufkochen, passiert es durch ein Sieb, gib zwei ganze Eier samt Schalen in eine Kasserolle, läßt den Stand kalt werden, gießt ihn an die Eier, rührt es ab, läßt es von ferne noch etwas kochen, dann läßt man es durch ein Tuch laufen. Gibt den Kapaun auf eine Platte, gibt den Stand darüber, läßt es sulzen.

Käberfüßstand = Fond von gekochten Kälberfüßen
Kapaun =kastrierter Gockel
Indian = Truthahn
von ferne kochen = von der Hauptbrennstelle etwas weiter weg, d. h. bei geringerer Hitzezufuhr

Gedünstete Ente

Man nimmt Enten, gibt in eine Rein etwas Suppe, Zwiebel, Zitronenschalen, Wurzeln, Gewürz. Die Enten ganze darein, dünste sie weich, dann lege sie aus, staube die Wurzel mit Mehl, lasse es gut braun werden, gieße es mit Suppe und rotem Wein auf, laß es aufkochen, tranchiere die Enten, leg sie in die passierte Soß und laß es aufkochen.

auslegen = herausnehmen

Taubenragout

Gib in eine Rein Wurzeln, Gewürz und etwas Suppe, die gespickten Tauben ganze darauf, weich gedünstet, dann lege sie aus und laß in einem Tiegel etwas Mehl und Fett stark braun werden, gieße ein wenig Blut darein, damit es schwarz wird, dann Suppe und ein wenig Bertramessig, laß es aufkochen und gib die Tauben transchiert hinein.

transchiert = tranchiert = zerlegt
Das Gericht kann ersatzweise mit Schweineblut zubereitet werden.

Gedünsteter Kapaun
Man gibt etwas Fett nebst Wurzeln in eine Rein, den Kapaun darauf, auch ein wenig Suppe, dünste ihn gut aus, dann lege ihn aus, staube die Wurzel mit Mehl, laß es schön braun werden, dann gieß es mit Suppe auf, etwas Bertramessig, Gewürz, laß es aufkochen, tranchiere den Kapaun, in die passierte Soß legen und nochmals aufkochen lassen.
Wie beim vorherigen Gericht kann der Kapaun separat mit Sauce serviert werden.

Rebhühnerpastete
Man füttert einen Pasteten Model mit ausgewalgtem Butterteig, schneidet gebratenes Wildbret fein zusammen, gib ein wenig Wildbretsoß darin, nur daß es feucht wird, und würze es mit Zitronenschale. Hat man keine Soß, so stoßt man das Gerippe von Rebhühnern, staubt es an, gießt mit Suppe auf und feuchtet das Wildbret damit an, laß es auskühlen, tranchiere Rebhühner in Viertl, gib eine Lage Rebhühner in den Model, dann eine Lage Wildbretfarce und wieder Rebhühner, bis er voll ist, gib einen Deckel von Butterteig darauf, bestreiche es mit Eiern und gib es ins Rohr.
Die Rebhühnerpaste wurde kalt oder auch warm verspeist.
füttern = Form ausbetten

Einen Auer-oder Birkhahn
Putze einen Auerhahn schön, laße einen Wein mit Essig sieden, tue Salz, Zwiebel, Lorbeerblätter und Gewürz hinein und schütte es siedend über dem Hahn ab. Dieses tue zwei- oder dreimal; lasse ihn einige Tage beizen, dann tu ihn in ein Kasseroll

mit Butter und Speck, Zwiebel und Gewürze hinein. Laß ihn dämpfen, man darf nichts daran schütten, kehr ihn einige Male um, daß er schön braun wird, dann wenn er gedämpft hat, besähe ihn mit Mehl und gieß von der Beiz oder anderen Wein daran und etwas Suppe, daß er aufkocht. Dann leg den Hahn aus der Schüssel und seihe die Soße darüber. Man kann auch den Magen gewiegt darein geben, wie auch Kapern oder Sardellen, auf solche Art kann man auch Wildenten oder Gänse geben.

Auer- oder Birkhahn sind bei uns kaum zu bekommen. Wir haben deshalb, wie von Anna Niederleuthner empfohlen, eine Wildente genommen.

Einen Schnepfen mit Koth

Die Schnepfen werden ausgenommen, mit Speck aufgebunden und am Spieß gebraten. Hernach wiege die Därme fein zusammen mit Zwiebel und Limonen, dann laß ihn in einem Reindl Butter und Semmelbresel gelb werden, dann gib das Gewiegte mit Gewürz hinein. Hernach ein wenig roten Wein, laß es aufkochen, dann streich es auf gebähte Semmelschnitten und gib es um den gebratenen Schnepfen.

mit Speck aufgebunden = bardieren = mit Speck umwickeln; vor allem bei Wildgeflügel

Schnepfen mit Koth = Schnepfendreck = Die gereinigten Därme und Innereien werden fein gehackt, mit Schalotten und Kräutern angedünstet, auf Weißbrot oder Toast gestrichen und überbacken.

Schnepfen werden immer seltener, sind jedoch in der Jagdsaison noch erhältlich. Schnepfen ernähren sich von Weinbergschnecken, daher der lange gebogene Schnabel. Der gereinigte Darm als Delikatesse erinnert an gebratene Schnecken.

Gefüllter Kapaun

Wenn der Kapaun geputzt ist, wird der Hals ganz weggeschnitten, aber ein Stück Haut muß daran bleiben, die Flügel werden beim großen Glied abgeschnitten, die Füße werden auch weggeschnitten. Dann wird der Kapaun der Länge nach auf dem Rücken aufgeschnitten. Dann wird das Fleisch recht sauber von den Beinen abgelöst, dann muß man aber wohl Acht geben, daß kein Loch wird. Wenn alles sauber abgelöst ist, legt man das Fleisch ins Wasser, wie es ausgewässert hat, so bindet man die Haut inwendig bei den Flügeln zusammen, damit keine Fülle heraus kann. Mache folgende Fülle: nimm ein ¼ Pfund Schweinefleisch und ¾ Pfund Kalbsfleisch, ¼ Pfund Grüner Speck, laß es einen Sud machen, dann schneide das Fleisch so klein wie möglich, schäle eine Handvoll Charlotten und sechs Nelken fein schneiden, zwei Eier, ¼ Pfund Schwarzes Brot gerieben ohne Rinde, es darf nicht zu schwarz sein zusammen, mit ein Stück Butter in eine Kasserolle getan, stelle es aufs Feuer, tu Salz und Pfeffer daran, rühre es öfter um. Wenn es kocht schütte ein kleines Glas guten Wein dazu, laß es gut durch kochen und dann auskühlen, reibe eine ganze Zitrone ab, ein wenig Muskatnuß dazu, reibe von einer bitteren Pomeranze die Schale ab, es muß eine Dürre sein, rühre dieses Gewürz wohl unter die Fülle, die nicht zu fest sein darf, weil sie im Kapaun noch aufgeht. Zwei Loth gedörrte Trüffeln oder auch Marocheln, dann werden zuerst die Schenkel gefüllt, alsdann näht man den Kapaun von oben innerwendig zu und fängt an zu füllen. Näht wieder innwendig zu, füllt wieder sofort, bis der Kapaun fertig ist. Er darf nicht zu fest gefüllt sein, sonst verspringt er. Der Schenkel muß bis zum Brätzerl genäht werden. Dann bindet man ihn in eine Serviette und tut ihn in der Stille kochen, bis er weich ist. Dann nimmt man ihn heraus, läßt ihn kalt werden, legt ihn in eine tiefe Schüsselplatte. Wenn die Sulz fertig ist, schüttet man sie darüber, von den Flügeln darf man nichts sehen. Diese Fülle kann man auch für Pasteten nehmen.

laß es einen Sud machen = andünsten
grüner Speck = roher Speck
Brätzerl = Fuß
Schalotten = kleine Zwiebeln

Ein sehr arbeitsintensives Rezept ist diese Galantine, die Fülle kann auch für Pasteten und Terrinen Verwendung finden. Zur Küchenmeisterprüfung werden diese Gerichte abverlangt. Der Clou an der Galatine: sie wird von innen her zugenäht und erhält auch ohne Knochen durch das geschickte Füllen die ursprüngliche Form wieder.

Beim Ausarbeiten dieses Rezeptes haben wir einen Kapaun alternativ nicht als kalte Vorspeise zubereitet, sondern unter ständigem Begießen gebraten und warm verspeist. Köstlich !

Farcierte Hühner

Nimm mittlere Hühner, putze sie sauber. Hernach schneide sie auf, bis auf das Fußerl. Löse Rücklein und Brust heraus, die Flügerl, Füße und Hals schneide bei den Gliedern ab, daß also nichts anderes als die Haut, Hals, Flügel und Fußerl ist, hernach mach eine Fülle. Nimm in ein Haferl acht Eier, schneide gesottene Priese, Euterl, Morcheln, Nierenfett, Speck, Kalbsschweifeln ganz klein geschnitten, auch Petersilkraut, Pfeffer, etliche Bröckel Butter, rühre es gut unter die Eier, hernach nimm nach Gutdünken Semmelbresel, damit die Füll nicht zu fest wird, tu es in die Hühnerhaut, verrühre es gut und brate es in einer Rein im Rohr. Begieß es mit Butter und Limonensaft, gib Acht, daß es nicht verbrennt, bestreue es mit länglich geschnittenen Limonenschalen zur Tafel.

Pries = Bries = Wachstumsdrüse

Sie finden im Kochbuch farcierte Hühner, Schlegel, Wild und gefüllte Gerichte. Die Fülle können Sie nach eigenem Gusto variieren.

Die faschirten Hendl

Nimm mittlere Hendl, putz sie sauber, hernach schneide sie auf das Parferl, löse die Rücklein und Brust heraus, die Flügel und Haxl, hernach mache ein Füll; nimm ein Haferl, acht Eier, schneide gesottene Brießl Euterl, Maurachen, Nierenfett und Speck, dann Krebsschweiferl ganz klein geschnitten, nimm auch darunter ganz klein geschnittenes Petersilkraut, Pfeffer, etlichen Butter. Rühre es gut unter die Eier, hernach nimm etwas Semmelbresel, damit die Fülle nicht zu fest, aber auch nicht zu weich. Tu es in die Hendlhaut, vernähe es gut und brate es im Reindl, begieß es mit Butter und Limonensaft. Gib Acht, damit es nicht verbrennt und bestreue es mit Limonenschalen.

Parferl = Bauchhaut

Maurachen = Morcheln

Die übrig gebliebene Hendlbrust und das Haxerlfleisch können auch für die Fülle oder anderntags für Hendlgerichte hergenommen werden.

Gansleber Pastete

Auf zwei mittlere Formen rechnet man zehn schöne Ganslebern, 6 verschneidet und 4 stößt man und 2 Pfund Kalbs- und 2 Pfund Schweinefleisch, d. h. lauter Fleisch, alles davon entfernt, den Hafen mit Speck belegt, dann die Farce und Leber oben darauf, auch Speck, dann ein Brettchen darauf, ein Gewicht noch oben darauf und so in Wasser gesetzt, kochen lassen, wenn es fertig, zieht es einer Brühe heraus, diese, wenn es kalt ist, abschöpft, dann mit Fett zugegossen. Wird kalt gegeben, läßt sich lange aufbewahren.

Dies ist eigentlich eine Gänseleberterrine.
„zieht es einer Brühe heraus“ = Wie bei Pasteten muß auch bei Terrinen die durch das Garen verloren gegangene Flüssigkeit aufgefüllt werden, sonst wird das Gericht „strohig“. Anna Niederleuthner hat Fett genommen und damit eine längere Haltbarkeit erreicht. Geschmacklich besser sind Wein- oder Sherryaspik.
verschneiden = in Würfel schneiden
stoßen = (fein) zerkleinern

Fleischspeisen

Grilirtes Rindfleisch

Siede ein schönes Riebstück gehörig weich, dann salze es und kehre es in Fett um, dann in Semmelbresel, hernach laß auf einer Reine etwas Fett heiß werden, gib das Stück daran und laß es auf jeder Seite schön braun werden.

Riebstück ist ein typischer Passauer Ausdruck für ein Rippenstück und wird von Johann Andreas Schmeller in seinem Bayerischen Wörterbuch extra als solcher hervorgehoben.

Gebratenes Rindfleisch

Nimm vom Lungenbraten das spitzige lange Teil, häute es ab, reibe es gut mit Salz und Pfeffer und Streugewürz ein, dann gib etwas roten Wein daran und laß es ein paar Tage liegen, dann spicke es mit Speck, aber verlorenen, hernach richte es in einer Rein mit allen Gattungen Wurzeln, Gewürz und Brotrinden und gib etwas Essig und Sup daran und brat es so, es muß sehr oft begossen werden, auch etwas saurer Rahm kommt daran, man garniert es auf der Schüssel mit kleinen Kartoffeln und gibt die Soß darüber.

verlorener Speck = roher Speck

Lungenbraten = Filet; heute noch in Österreich gebräuchlicher Ausdruck

Auch das teure Filet wurde geschmort und mit Sauerrahmsauce zu Tisch gebracht.

Rindfleisch auf italienische Art

Es wird ein großes Stück Rindfleisch genommen und mit Speck gespickt, mit Wein gebeitzt, beim Aufsetzen wird es gesalzen und gepfeffert, dann schneide Zwiebel, Gelbe Rüben, 2 Nelken, tu es in ein Kasserolle ein wenig Fleischbrühe daran, laß es bis 5 Stunden kochen, es kann auch kalt gegeben werden.

Das gespickte Rindfleisch wird im Rohr oder Schmortopf mit Deckel gegart.

gespicket = mit Speckstreifen durchzogen

Rollierte Kalbsbrust

Man löset von einer Brust die Beine aus und schneidet es voneinander, dann mach den Fasch; man schneidet rohes Kalbfleisch zusammen mit Zwiebel, Zitronenschalen, stoße es, daß es recht fein wird, hernach treibt man Fett ab, schlägt Eier daran und milchgeweichte Semmel, dann das Fleisch hinein, rühre es ab, dann streiche den Fasch auf die Brust. Rolle es zusammen und nähe es zu; dann lege die ausgelösten Beine in eine Rein mit Zwiebel, Zitronenschalen und Gewürz auch Wurzeln; die Rolle darauf und Sup daran, also weich dünsten lassen; dann mache eine gelbe Einbrenn, gib etwas Bertram Essig daran und fülle es mit der

Suppe, wo die Rolle gedünstet hat, auf, laß es gut kochen, dann wird es in Stücke geschnitten, die Soß legiert und darüber gegeben.

Die rollierte Kalbsbrust wird gedünstet und mit heller Sauce serviert.

Fasch = Farsch = Farce = Feingehacktes

Bertram Essig = Estragon-Essig

Frikando

Man schneide von einem Kalbsschlegel die zwei Kugeln heraus, häutet sie ab, salzt und pfeffert sie, dann spickt man sie mit Speck, hernach mit Wurzeln, Pfefferkörner, Imbeer, Lorbeerblätter, Zwiebelscheiben in eine Reine gelegt, gib noch Essig und Suppe auch ein Stück Fett darein, läßt es dünsten bis es weich wird, dann lege es aus, staube die Wurzel mit Mehl, lasse es hellbraun werden, dann fülle es mit Suppe auf. Passiere es durch ein Sieb, leg noch Kapern darein und gib es über die Frikando.

Imbeer = Ingwer

Frikando = Fricandeau = gespickte Stücke Fleisch von einem Schlegel; heute: Unterschale

Schinkenspeise

Man läßt Makronennudeln in Wasser nebst einem Stück Butter kochen, wenn sie weich sind, seihe man sie ab, bestreicht einen Model mit Butter, besäht ihn mit Mehl, macht eine Lage Nudeln ungefähr fingerdick, dann eine Lage feingewiegten Schinken nebst geriebenen Parmesankäse, man macht es so bis der Model voll ist und es wird im Rohr gebacken, dann gestürzt.

besäht = bestreut

Schinkenspeise anderer Art

Man macht einen Butterteig, walgt ihn aus, siedet Makronennudeln in Wasser, schneidet Schinken fein zusammen. Wenn die Nudeln weich sind, seiht man sie ab, gibt den Schinken darüber, nebst einem Stück Butter. Man kann auch geriebenen Käse dazu geben, verrührt alles gut, dann füttere den Model mit dem ausgewalgten Butterteig aus, gib es hinein, mache ein Gitter von Teig oder einen Deckel darüber, ehe man es ins Rohr stellt, gießt man drei Eier in Milch abgesprudelt darüber und dann wird es gestürzt.

Butterteig = Blätterteig
absprudeln = verquirlen, verrühren

Aspik

Siede vier Kälberfüße recht aus, gieße den Stand davon herunter, färbe ihn mit Schühsuppe, tu Essig, etwas weißen Wein, Zwiebel, Lorbeerblätter, dann tu zwei ganze Eier, nebst Schale in eine Kasseroll, gieß es kalt hinein, rühre es ab, lasse es langsam aufkochen, bis es rein ist, dann laß es durch ein Tuch laufen, stelle es an einen kühlen Ort, daß es sulzt.

Schühsuppe (alte Schreibweise) = Jussuppe = brauner Fond ist Grundbrühe
Aspik = Sulz, Gelee
Früher wurde sehr viel mit Eierschalen geklärt, auch eine gelbe Farbe war beim Aspik gewünscht. Heute klärt man ausschließlich mit Eiweiß und rohem Gemüse.

Ochsengaum

Siede den Obergaum vom Ochsen, schneide ihn dann recht fein länglicht, gib Zitronenschalen darein und ein Stück Zwiebel stecke hinein und Gewürznelken, halb Essig, halb Suppe, salzen und pfeffern, laß es sieden, dann nimm den Zwiebel heraus samt den Nelken und gieße es in eine Zinnschüssel, laß es sulzen, dann schneide es in Stücke und gib Essig und Öl daran oder mit Aspik garnieren, gib es als Kaltes nach der Suppe.

Ochsengaum = Ochsengaumen

Den Ochsengaumen halten die Metzgereien nicht auf Vorrat, er kann jedoch normalerweise bestellt werden. Bei einem ausgewachsenen Ochsen wiegt der „Obergaum“ etwa ein knappes Pfund. Sehr delikates Gericht.

Gedünstete Kalbsbrust

Man peckt sie ein wenig ein, blanschiert sie ab, dann wird sie schön gekraust gespickt, dann gib in eine Rein etwas Fett und Wurzeln, die gespickte Brust darauf, auch ein wenig Suppe, dünste es gut aus, dann laß in einem Reindl Mehl und Fett schön braun werden, gib die Wurzel darin, wo die Brust gedünstet hat hinein und gieße mit Suppe auf, Zitronensaft und Bertramessig darin auch Gewürz, dann aufkochen lassen, die Brust in Stücke geschnitten und in die passierte Soß als Ragout geben.

Das Fleisch zum Ragout wird normalerweise vor dem Garen in Stücke geschnitten. Die Kalbsbrust kann auch ganz mit Sauce zu Tisch gebracht werden.

pecken = an den dicken Stellen die Knorpel der Brust anhaken

Eine Zuspeise von Kalbsköpfen

Man siedet die Köpfe, löse das Fleisch davon ab, schneidet es gewürfelt, dünste es in Butter, gib Gewürz und Limonenschalen daran, tue es in eine Schüssel, etwas kleine Zwiebel, gewürfelten Speck

und Semmel darunter in Milch geweicht und zwei oder drei ganze Eier, etwas süßen Rahm, sprudle es gut ab, dann gieße es über die Köpfe. Dann schlägt man es in ein Netz ein, formt es wie einen Schlegel und näht es zu, dann gib es in ein Reindl, stelle es in das Rohr, kehr es etliche Male um, daß es auf jeder Seite schön gelb wird, dann gießt man die Soß, die es bratet, auf der Schüssel darüber.
Wir haben ein Kalbsnetz zum Formen genommen.

Die Lunge mit einem Gitter
Mache die Lunge wie sonst, dann macht man von einem Butterteig auf eine umgekehrte Pasteten Schüssel ein Gitter, backt es im Rohr heraus, tut es dann von der Schüssel herunter, richtet die Lunge auf eine Schüssel an und gibt das Gitter darüber.
Um den Gerichten mit oder von Lunge besseres Aussehen zu geben, wurde aus Blätterteig (=Butterteig) ein Gitter darüber gelegt und als Beilage dazu gegessen. Lunge wurde bei allen Feierlichkeiten und Hochzeiten als Voressen gegeben; dagegen bei Beerdigungen war es die Totensuppe.

Eine gute Zuspeise vom kälbernen Schlegel
Nimm ein kälbernes Netz, breite es in ein Kasseroll, tu ein wenig Krebsbutter darein, schneide vom kälbernen Schlegel dünne Schnitzel herunter, klopfe es mit einem Messer, lege es in das Netz, nach dem ein Eingerührtes mit Krebsbutter und dann wieder eine Fülle von Marocheln und Krebsschweifeln, Gewürz, Limonen, tu dann auf eine Lage Schnitzel eine Fülle jedes Mal eine andere, bis das Netz voll wird. Dann schlägt man es

zusammen und steckt einen kleinen Spreu darein, daß es nicht von einander geht, dann setz es auf eine Glut und laß es auf jeder Seite schön braun werden. Zu der Fülle kann man auch Nierenfett oder Speck nehmen, daran gießen darf man nicht, es gibt ohnehin Soß. Wenn man es anrichtet, gießt man die Soß darüber.

Krebsbutter = gestoßene Krebsschalen mit Butter vermischen, morsen, etliche Stunden ziehen lassen, durchpassieren

Statt Krebsbutter können Sie auch Kräuterbutter oder Pfefferbutter nehmen. Statt Krebsschweife werden auch Garnelen oder Scampi genommen. Sie müssen die Schnitzel nicht vom Schlegel schneiden, sondern können sie gleich fertig in der Metzgerei bekommen. Achten Sie darauf, daß die Schnitzel nicht dicker als 2 mm sind. Bei diesem Gericht sehen Sie die Originalbedeutung Schnitzel: „Vom ganzen Schlegel dünner Schnitz".

Eingerührtes = verquirltes Eigelb

Marocheln = Morcheln

Spreu = Holzstift, Zahnstocher

Karbonaden in Papier

Richte die Karbonaden ordentlich her, schneide Zwiebel, Petersilkraut, Limonenschalen und Nelken, schmiere sie dann mit Butter, besähe sie mit den zusammen geschnittenen, mache es in Papier ein und brate es auf dem Rost.

Karbonaden = Rippenstückchen

Statt (Pergament-) Papier können Sie auch Alu-Folien verwenden.

Ein gesulztes Bibstück

Ein schön geputztes und gut gewässertes Bibstück binde man in eine Serviette und setze es in halb Wein und Wasser zu, salzen, Zwiebel, Nelken und Limonenschalen und Lorbeerblätter darein; man nimmt auch drei Kälberfüße darein, daß es sich sulzt, wenn es weich ist, tue es heraus in die gehörige Schüssel. Die Soß laße aber noch sieden, das es dicklicht wird. Dann seihe es über das Bibstück, wenn es zu wenig sauer ist, säuert man es noch mit Essig. Man färbt es mit Alkermessaft, stellt es in einen kalten Raum, daß es sich sulzt.

Die Biberrerzepte konnten wir leider aus Mangel an Bibern nicht nachkochen. Im 19. Jahrhundert stand der Biber in allen „guten Häusern" als beliebtes Gericht auf der Speisekarte.

Bib = Biber

Alkermessaft = Saft aus trächtigen Weibchen der Kermesschildlaus wurde zum Rotfärben hergenommen. Die Kermesschildlaus lebt in Südeuropa und Kleinasien auf den Blättern der Stecheiche. Man sammelte sie dort von Mai bis Juni, tötete sie mit Essigdämpfen, anschließend wurden sie getrocknet. Sie sahen dann wie runde, glänzende, ziegelrote Beeren aus.

Das Biberfleisch zu richten

Bespreng das Fleisch mit Salz, Kranawittbeeren und überbrühe es dreimal mit siedendem Wasser, daß er das Fischle läßt. Seihe es dann ab, nimm Essig, Zwiebel, Gewürz und gieß es siedend darüber. Man kann es zu einer Pastete hergeben.

Kranawittbeeren = Wachholderbeeren

Fischle lassen = Fischgeruch verlieren

Den Biberschweif zu richten

Putze ihn sauber, sprepfe ihn gut, salzen, hernach lege ihn auf den Rost und brate ihn schön braun, wie einen Aalfisch, schmiere ihn mit Butter, tropfe Limonensaft darauf, bestreue ihn mit Nelken, dann leg ihn in eine Schüssel mit Butter, von vier Limonen Saft, laß es untereinander zergehen, gieße es darüber und streue geschnittene Limonenschalen darauf. Stelle ihn auf eine Glut, lasse ihn ein wenig stehen, dann ist er fertig.

sprepfen = hier: Haare absengen

Die aufgegangene Reinpastete

Siede die Kälberfüße weich, löse die Beine aus, laß es kalt werden, schneide es blätterweise und laß es in Butter anlaufen, salzen und Limonensaft und Schalen, drei Eier und ein wenig mehr als ein ½ Seidel sauren Rahm, auch von zwei Pfennig Milch geweichte Semmel, dann Gewürz; alsdann mache von einem Butterteig einen Reif auf eine tiefe Schüssel, fülle es hinein, mache von dem Teig einen Deckel darüber und einen Schnitt.

Anschließend kommt die Reinpastete für eine knappe Stunde mit 180 Grad ins Rohr.
½ Seidel = 0,175 Liter
blätterweise = dünn schneiden

Farcierter Kalbsschlegel

Man hacke vom Kalbsfleisch einen Farce zusammen mit Zwiebel, Limonen, schlage etliche Eidotter daran, in Milch geweichte Semmel, gut salzen, dann schneide von einen Kalbsschlegel Fleisch herunter, dann gibt man den Farce auf den Schlegel, das Netz darüber und nähe es gut zu. Hernach richte

man ihn in eine Rein mit Gewürz und Wurzeln, brate ihn schön braun, hernach gib man eine Rahmsoß dazu, nämlich: man lasse Mehl in Mehl anlaufen, etwas sauren Rahm, dann gieße es mit der Soß vom Schlegel auf und passiere es durch.
Für dieses Gericht sollte der Schlegel nicht zu groß sein, daher wurde hier vom Kalbsschlegel noch Fleisch für andere Zwecke heruntergeschnitten. Wir empfehlen gleich beim Metzger eine Kalbsnuß oder eine Oberschale zu bestellen.

Rindfleisch mit feinen Kräutern
Koche ein Stück Rindfleisch, wenn es weich ist, schneide Kräuter, gelbe Rüben, Petersilie recht fein, tu es mit einem Stück Butter in eine Kasserolle und das gesottene Rindfleisch mit Salz und Pfeffer dazu. Laß es langsam dünsten, bis die Kräuter weich sind, dann stäube es ein wenig und gib es mit kurzer Soß zur Tafel.
Der Tafelspitz eignet sich für dieses Gericht sehr gut.
stäuben = etwas Mehl dazu geben
kurze Soß = kräftig, wenig Sauce

Reispastete
Man nimmt ein Stück Butter, treibt ihn ab, richtet nach und nach einen Vierting Reis darunter, welcher in einer Fleischsuppe weich und dick gekocht ist, schlag sieben Dotter daran und ebensoviel Schnee und Limonenschalen, lege einen Model mit Butterteig aus, fülle von dem Reis darein, überlege ihn mit geselchter oder grüner Zunge, dann wieder Reis, bis der Model voll ist, mache einen Deckel darauf und backe es im Rohr.
geselchte oder grüne Zunge = geräucherte oder rohe Zunge
Vierting = 8 Loth = 140 Gramm

Kalbskopf als Ragout

Der Kopf wird abgebrüht, von den Knochen befreit und tüchtig gewässert. Dann wird er aufgesetzt mit Wasser, etwas Essig, gelben Rüben, Zwiebel, Nelken, Pfeffer und Salz, auch Zitronenschalen langsam weich darin gekocht. In Stückchen alsdann schneiden, setzt ihn nochmals auf in Butter und Sup, läßt ihn noch ein wenig dampfen, dann macht man eine Soß von: Butter läßt man zergehen, mischt dann Mehl hinzu, soviel der Butter annimmt, läßt es gelb rösten, füllt es dann mit Jus auf, aber nicht zu dünn. Etwas roten Wein, Zitronensaft und von dem Stand, wo der Kopf gedämpft hat, läßt es gut kochen, schüttet den Kopf hinzu und läßt es nochmals kochen, dann fertig.

Für dieses Gericht muß beim Metzger ausdrücklich zum Kalbskopf auch die sogenannte Maske (Haut) bestellt werden.

Pikantes Muschelgericht

Beliebige Fleisch- und Bratenreste werden in Würfel geschnitten. Dann dünstet man eine feingeschnittene Zwiebel in Butter, mischt dies mit Resten von Bratensoße, etwas Rotwein, Pfeffer und Fleischbrühe, gibt die Fleischwürfel in die dickliche Sauce und läßt es im Wasserbad heiß werden. Dann füllt man die heißgemachten Muscheln mit der Masse, legt obenauf je ein verlorenes Ei, träufelt Butter darauf, streut etwas Semmelbresel, Parmesankäse, und Kapern darüber, stellt die Muscheln auf einem Blech für ein paar Minuten in den Ofen, richtet sie auf einer mit erwärmten Serviette belegten Schüssel an.

Fleisch- und Bratenreste wurden sinnvoll verwendet und in einer Muschelform appetitlich serviert.
verlorenes Ei = pochiertes Ei = rohes Ei im Essigwasser wachsweich gegart, möglichst in der Ursprungsform

Schinkenpudding

200 Gramm Schinken, 2 halbe Kotelettes, 2 bis 3 Eier, Salz, Pfeffer. Der Schinken wird in Würfel geschnitten, das Fleisch durch die Hackmaschine getrieben mit Dottern und Schinkenwürfel gemischt, gesalzen und gepfeffert und zuletzt der Schnee daruntergemischt. Die Masse wird in der Puddingform eine Stunde im Wasserbad gekocht, gestürzt, mit Champignons verziert.

Als Kotelett verstand man damals eine Scheibe vom nicht halbierten Rücken. Heute: Sattelscheibe. Ein halbes Kotelett ist somit unser heutiges Kotelett vom halbierten Rücken. Statt Koteletts können Sie auch 300 Gramm Schweinehack verwenden.

Boeuf à la mode.

1 Pfund = ½ Kilo gut abgehangenes Rindfleisch wird mit Zwiebel, gelbe Rüben und etwas roten Wein in guter Suppe unter öfteren Begießen weichgedünstet; dann wird von einem Stück Butter 3 bis 4 Kochlöffel Mehl eine braune Einbrenne gemacht, ein Zuckerstück darunter, dann mit Suppe zu einer dicken Sauce angerührt, gut aufgekocht, das Boeuf à la mode ausgehoben, die Sauce dazu gegossen, etwas roten Wein, Salz und Pfeffer, das Fett herunter gehoben und über das Rindfleisch gegossen.

Im „Passauerischen“ besser bekannt unter seinem „eingebayerten“ Ausdruck „Bifflamott“.

Salzzunge

Ein Maß Wasser gießt man in einen Topf, gibt ¾ Pfund Salz und Loth Salpeter daran, dies laßt man kochen bis kein Schaum mehr abzunehmen ist. Dann gibt man noch 2 Loth Farinzucker und läßt das Ganze noch ¾ Stunde kochen; wenn es erkaltet ist , legt man das Fleisch oder Zunge hinein, stelle es an einen kühlen Ort und läßt es 12-16 Tage stehen. Täglich kehrt man die Zunge um, legt einen runden Teller darauf und beschwert es mit Stein. Das Wasser muß über die Zunge gehen. Wenn man die Zunge siedet, braucht man nur Wasser daran zu gießen, kein Salz. Dieses Salzwasser kann man 3 mal benutzen, nur kocht und schaumt man es bei jeweiligen Gebrauch wieder ab.

Loth = Loth = Lot = 17,5 Gramm

Nicht nur Fleisch, sondern auch Zunge wird gesurt; statt Salpeter nimmt man heute Pökelsalz. Die Menge an Salpeter ist hier nicht angegeben. Pökelsalz darf nach heutigem Gesetz nur einen Anteil von 0,5 Prozent Nitrit enthalten (§ 3 Nitritgesetz).

Farinzucker = in der Apotheke erhältlich

Wild

Eingemachtes Wildbret

Hacke das Junge von einem Reh in Stücke, gib es in ein Reindl mit Essig und Suppe, Zwiebel und Gewürz, laß es weich kochen, dann mache mit Zucker eine Einbrenn und fülle es mit dem Stand auf und laß das Wildbret darin noch kochen, richte es in Salz und Essigsäure gut zusammen und ein wenig roten Wein dazu.

Junges von einem Reh = Teile von Hals, Bauch und Brust, aber auch Innereien, wie beim Gansjung
Stand = eine Brühe, in der etwas gekocht wird
Essigsäure = mit Essig säuern

Schwarz Wildbret zubereiten

Es wird mit Salz und Pfeffer, Wachholderbeeren eingesalzen, dann siede es in einem Teil Wasser, einem Teil Essig und in einem Teil Wein, Zwiebel, Lorbeerblätter, ganzen Pfeffer und Zitronenscheiben dazu; es darf aber nicht sehr weich sein.

Farcierter Schweinskopf

Man läßt den Kopf von einem Wildschwein ziemlich lang abnehmen, kocht ihn gewöhnlich in einen Stand, nur nicht zu weich, dann schneidet man ihn unten auf, löst die Knochen heraus, nimmt Fleisch von einem Schlegel, schneidet es recht fein, nebst Zwiebel und Zitronen. Dann füllt man den Kopf mit dieser Farce, näht ihn zu, bindet ihn fest in ein Tuch, kocht ihn in dem nämlichen Stand zwei Stunden langsam, tu ihn in einen großen Tiegel, gießt den Stand darüber und läßt ihn an einem kühlen Ort stehen. Auf diese Art kann man ihn 14 Tage, drei Wochen aufbewahren, wenn man ihn braucht, tut man ihn heraus, wischt ihn mit einem Tuch rein ab und garniert ihn mit folgendem Aspik.

Farce = Füllung
farcierter Schweinskopf = gefüllter Schweinskopf
abnehmen = hier: abhängen

Eine Reh- oder Hirschleber

Schneide die Leber schnitzweise, nimm ein Stück Butter, gib zuerst geschnittenen Zwiebel darein, hernach die Leber, laß sie aufkochen, dann salzen und ein wenig Essig; man kann ein wenig Blut darein tun, aber lange darf sie nicht kochen, so kann man auch die Kalbsleber richten.

Saure Leber
schnitzweise = schnetzeln
aufkochen = hier: anbraten

Verschiedene Braten

Die Fasanen werden mit Speck aufgebunden, am Spieß gebraten. Die Rebhühner werden gespickt und am Spieß gebraten, mit Essig und Butter getropft, so auch Auerhühner. Kapaune werden wie die Hühner auf Spieße gebraten. Indiangänse und Enten im Rohr. Bei den Indian wird ein Papier mit Butter bestrichen und selbes auf den Indian gelegt. Wenn es trocken ist, muß es wieder bestrichen werden. Das Rehwildbret, Ziemer und Schlegel werden gespickt im Rohr mit Wurzeln, Brotrindeln und Zwiebeln, ein wenig Essig und Suppe gebraten, öfters begossen und mit Rahm getropft. Um es länger zu behalten wird es mit Kranawittbeeren und Salz eingemacht, dann siede man halb Essig und Wasser, Zwiebel, Lorbeerblätter, Pfeffer, Limonenschalen, laß es auskühlen und gieße es daran, leg es in einen Kübel und schwert es ein. Das Hirschwild wird ebenso aufbewahrt, der Ziemer beim Gebrauche verloren, mit Speck gespickt, dann wird er in einem Stand mit einem Teil Essig, mit einem Teil Wasser, mit einem Teil Wein, alle Gattungen Wurzeln und Gewürz übersotten, den in eine Reine wieder mit Wurzeln und Brotrindeln angerichtet und gebraten; dann kommt eine Kruste darüber, man pfatzt schwarze Brotkrumen in Butter, gibt recht viel feines Gewürz hinein und ein wenig roten Wein, röste es mit ein wenig, dann streiche es fingerdick über den Ziemer, wenn er ausgebraten ist. Laß ihn dann ihm Rohr noch ein wenig stehen, daß die Kruste hart wird und gib dann eine Ribiselsoße darüber.

Ziemer = Rücken

pfatzen = anrösten
Aus diesem Gesamtrezept können Sie verschiedene Zubereitungsarten, sowie eine Wildbeize, als eine klassische Beize, entnehmen. Die Beschreibung „beim Gebrauche verloren, mit Speck gespickt“, interpretieren wir mit „bratfertig herrichten“. So werden diese Braten beim Wildbrethändler zum Verkauf angeboten.
Ribisel = Johannisbeeren

Wildbret Pastete

Man wiegt gebratenes Wildbret fein zusammen, nebst Zwiebel, Zitronen, einige Sardellen und Kapern und auch Petersil und ein wenig in roten Wein geweigte Semmel, röstet ein wenig Semmelbresel in Butter. Gib das Geweigte hinein, wenn es kalt ist, einige Eidotter, ein wenig sauren Rahm, mach den Farce mit Zitronensaft, Gewürz, Salz und Pfeffergeschmack zusammen, füttert das Model mit Butterteig oder Mürben, gib die Hälfte von dem Farce hinein, dann schön gespicktes Geflügel oder vom Rehbraten oder Hasen, dann die andere Hälfte. Einen Deckel drauf und einen Kreuzschnitt darin, gehörig backen, man gibt gewöhnlich eine Wildbret Soße dazu.

Damit beim Anscheiden die Pastete optisch gut aussieht, müssen Sie die jeweiligen Wildteile (z.B. Brust, Filet, roh oder angegart, gespickt oder ummantelt) schön plazieren.

Timballe de gibier

Aus den Sehnen gelöstes Rindfleisch wird mit Schlagobers nach und nach gestoßen und durchgestrichen dazu, dann mit etwas Schlagobers zu einem leichten Farce gut abgerührt, gehörig gesalzen. ½ Kilo Fleisch, ein Stückchen Butter, ½ Liter Schlagobers ist ungefähr das Verhältnis. Salz. Nach dem eine kleine Probe davon gemacht wurde, ob die Farce hält, wird dieselbe in eine Dunstform, die in der Mitte eine Öffnung hat, im Dunstbad gar gekocht wie ein Pudding. Doch darf das Wasser nicht kochen. Ungefähr eine ½ bis ¾ Stunde. Beim Stürzen kommt ein gutes Wildhaschee in die Mitte, welches aus gebratenem Rehfleisch bereitet wurde, und mit der Essenz von den Knochen verdünnt wird. Extra könnte die abgefettete Essenz mit etwas heißer Sauce aufgekocht dazu.

Überraschend für die Herausgeber ist dieses Gericht mit der original französischen Bezeichnung (gibier = Wild) versehen. Diese Resteverwertung klingt mit einem französischen Namen auch gleich viel schöner.

Timballe = Timbale = Becherform

Essenz = kräftige Suppe

Fischspeisen

Fischkarmandel

Nimm von einem Hecht das Brat, oder von einem anderen Fisch, wie man es hat. Das Brat muß gut ausgegrätet sein, ein wenig Petersilkraut, Zwiebel und Charlotten, ein wenig in Milch geweigte Semmel, von zwei bis drei Eiern, ein Eingerührtes, gut salzen und pfeffern, ein wenig sauren Rahm, ein oder zwei kleine Eier darein, da mach es aus wie du willst, in Breseln einpanieren und schön braun braten, mit Zitronensaft betropfen.

Karmandel = Krapferl = Pflanzerl

Charlotten = Schalotten = kleine Zwiebel

Zum Fischbrat wird der Fisch grob filetiert. Die Fischer aus der Dreiflüssestadt überbrühen ihn vorher kurz, damit sich die Haut und Schuppen leichter lösen, dann zweimal „gewolft". Kleinere Gräten werden dabei zermalmt. Nach dieser Rezeptur können Sie auch die bekannten Passauer Fischwürste herstellen.

Gebratener Huchen oder Waller

Man macht den Fisch auf, teilt ihn in die Hälfte, salzt ihn, dann legt man ihn in eine Reine, mit Wurzeln, Zwiebeln und Limonenschalen, dann halb Essig und Fleischsup und den Fisch darein und brate ihn. Öfters begießen und mit Rahm tropfen, es muß schön braun werden.

Große Fische wurden der Länge nach halbiert um ein gleichmäßiges Garen zu erreichen.

Stockfisch

Wässere ihn gut aus, brenne ihn mit siedendem Wasser an, gib Kümmel und Salz daran. Aber sieden darf er nicht. Schneide ihn fein, schmiere eine Schüssel dick mit Butter, streiche Rahm darauf, dann lege den Fisch hinein, Semmelbresel und Zwiebel darauf, bräunen und im Rohr heraus backen.

Stockfisch = getrockneter Fisch

Um das Wasser noch einmal stark aufkochen zu lassen wurden glühende Schürhaken ins Wasser getaucht (Wasser angebrannt). Mit glühenden Schürhaken wurde auch Zucker karamelisiert; auch der gute Hausmachersenf bekommt dadurch seine charakteristische Würze.

Gebratener Karpfen

Schuppe den Karpfen, teile ihn in der Mitte durch, spicke ihn mit langen Zitronenschalen und Sardellen. Dann gib Zwiebel und Wurzeln in eine Reine, den Fisch darein, ein wenig Essig und Suppe und im Rohr braten, öfters mit Rahm tropfen.

Getrocknete, ganze Sardellen wurden schon damals als pikantes Gewürz, auch bei Fleischgerichten, verwendet.

Abgesottener Fisch
Man siede halb Essig, halb Wasser, gib Zwiebelscheiben, Pfefferkörner, Lorbeerblätter, Salz, Limonenscheiben, Imbeer darein. Dann gib es über den Fisch und laß ihn noch ein wenig übersieden. Dann ist er fertig. Ein jeder Fisch muß ausgenommen werden, das Bäuschl ist aber nur vom Karpfen zu gebrauchen und vom Rutten die Leber; absieden läßt sich jeder Fisch.

Bäuschl = Beuscherl = Lüngerl

Der Fisch wird gesotten, d. h. im Sud gegart (blau, im Wurzelsud, im Weinsud). Die Ruttenleber ist eine rare Delikatesse. Die Rutte ernährt sich nur von Fischbrut (Kaviar), daher die große Leber.

Gebratener Hecht
Schneide den Fisch in Stücke, salze und pfeffere ihn, gib auf eine Karbonadenreine Butter und Limonenschalen. Den Fisch darauf und auf der Glut braten. Man kann ihn auch in einer Reine mit Wurzeln braten und mit Rahm tropfen.

Karbonadenreine = Pfanne oder Reine mit dickem Boden

Farcierter Hecht.
Mehrere schöne Hechte werden vor dem Ausnehmen behutsam geschuppt, damit die Haut nicht zerrissen wird. Die Rückengräte von innen nach dem Ausnehmen herausgelöst und die Fische mit folgender Farce gefüllt: Man löst einen kleinen Hecht aus Haut und Gräten, wiegt ihn nebst der Fischleber und 125 Gramm Luftspeck fein und vermischt dies mit 3 Eiern, 60 Gramm zu Schaum gerührter Butter, nebst eingeweichter Semmel zu einer Farce (Petersilie, Salz, Pfeffer, 1 Löffel gehackter

Kapern). Hat man die Fische mit ihr gefüllt, näht man sie zu, legt sie in eine Pfanne mit Butter und dämpft sie im Ofen bei fleißigem Begießen und Zusatz von sauerer Sahne in knapp einer Stunde gar. Die Sauce wird mit Kartoffelmehl bündig, mit 6 Gramm Liebigs-Fleischextract kräftig und den Saft einer Citrone säuerlich gemacht und nebst Salzkartoffeln zu dem mit Petersilie und Citronenscheiben garnierten Fisch gereicht.

Dieses Rezept wurde erst im letzten Drittel des vorigen Jahrhunderts niedergeschrieben, da hier bereits ganz neumodisch „Liebigs-Fleischextract" vorkommt. Die Fülle kann auch von anderen Fischen verwendet werden. Auf den „Fleischextract" und das Kartoffelmehl können Sie ohne weiteres verzichten. Im Wirtshaus von damals war sicher viel Sauce notwendig, deshalb griffen die Niederleuthners zu diesen wunderbaren „Sauce-Vermehrern". Die Sahnesauce allein ist vorzüglich.

Hecht mit holländischer Sauce

Der Hecht wird reingeputzt, gewaschen und gut gesalzen; dann gibt man ihn in eine Fischwanne mit ¾ voll kalten Wassers, eine gute Hand Salz, Essig, bis es gut säuerlich schmeckt, legt den Fisch darein, läßt ihn zugedeckt bis ans Kochen kommen, dann beiseite stellen und gut eine Stunde stehen lassen. Während tut man ein Stück Butter in ein Kasseroll, zwei Kochlöffel Mehl, ein paar Pfefferkörner, und läßt es am Feuer ein paar Minuten anziehen, dann rührt man es mit Fleischsuppe zu einer dicken Sauce an, nimmt von dem Fleischsud einen Löffel sowie etwas weißen Wein, läßt die Sauce gut auskochen, fricassiert mit 3 Eigelb, Salz nach Geschmack, läßt sie unter beständigem Rühren einmal aufkochen, durchs Sieb passiert, in eine

Sauciere und den Hecht, welchen man auf einer Serviette anrichtet, serviert.
reingeputzt = ausgenommen, geschuppt und vom Schleim gut abgestreift
Fischwanne = Gefäß zum Garen von Fisch
Große Fische werden im kalten Sud angesetzt und dann gegart,damit sie innen schön durchziehen; kleine Fische dagegen in kochenden Sud einlegen. Fischsud soll nur ziehen. Überraschend für uns wurde hier die Sauce Hollandaise auf eine etwas andere Art hergestellt.

Karpfen in der schwarzen Soße
Man siede den Karpfen in Essigstand, dann macht man die Soße. Man läßt Mehl im Fett anlaufen, geriebene schwarze Brotbresel hinein, mit Erbsensuppe aufgießen, säuert es mit dem Stand, gibt Gewürze, Limonischalen daran. Ehe man es ausrichtet, gibt man das Blut vom Fisch darein, daß es schwarz wird, welches man in Essig tropfen läßt.
Dafür müssen Sie den Karpfen lebend kaufen und beim Schlachten das Blut auffangen.

Rutten in der Soße
Man siedet sie in Salzwasser mit Zwiebel und Limonenschalen, dann macht man eine Soße, wie zu einem Huhn. Zitronensaft, Gewürze und mit Eidottern legieren, dann die Rutte schrepfen und in die Soße legen.
schrepfen = hier: Haut abziehen

Gesulzte Forellen
Man siedet Forellen in Salzwasser schön blau ab, gibt wieder kalten Essig daran, bis sie klar sind. Spicke sie dann mit Petersilie und Krebsschweifen,

legt dann jede Forelle auf ein Assiette. Die Sulz darüber geben, die so gemacht wird: zwei Maß Wein und Wasser werden mit 2 ½ Loth Hausenblase aufgelöst, dann Zwiebel, Nelken, Limonenschalen und Salz. Alles mit Eischnee geläutert und wie mit einer anderen Sulze verfahren.

Assiette = eine Schüssel oder Platte, wörtlich: Teller
Hausenblase = Fischleim, gewonnen durch Trocknen der Innenhaut des Störs
Die Hausenblase kann als Sulzmittel durch Gelatine ersetzt werden. Eischnee nimmt man zum Klären des Suds.

Schnecken zurichten

Siede die Schnecken, dann nimm sie aus den Häusern, schneide den Kopf und den Schweif weg, reibe sie recht mit Salz ab, damit das Schleimige wegkommt. Dann werden die Häuser reingewaschen und getrocknet. Hernach ein wenig Erbsenbrühe hinein gefüllt, dann ein wenig Sardinenbutter, welche man so macht: man wiegt Sardellen mit Zwiebel und Zitronenschale fein zusammen, dann treibt man auf ½ Pfund Sardellen ein ½ Pfund Butter ab. Die Sardellen darein und ein wenig Semmelbresel, dann eine Schnecke darauf und wieder Sardellenbutter, daß das Haus voll wird. Dann in das dazu gehörige Kasseroll ein wenig Suppe geben und die Schnecken darein legen. So auf der Glut gekocht und zum Kraut gegeben.

Weinbergschnecken mit Häusern können auch bei uns ab September gesammelt und nach obigem Rezept zubereitet werden (siehe Schneckensuppe).
Nach der Systematik von Anna Niederleuthner sind Schnekken und Frösche keine Fleischgerichte; sie wurden von ihr vermutlich deshalb in die Kategorie Fisch aufgenommen.

Farcierte Krebse

Siede die Krebse, löse sie schön aus, mache einen Fischfarce, fülle die Schalen damit aus. Richte die Schere schön zu und die Schweife ausgelöst, wieder hinrichten. Lege oben darauf von Trüffeln schöne Sterndl, siede sie in Salzwasser und garniere damit den Fisch.

Die Trüffel kam damals auch in unseren Wäldern häufiger vor, vereinzelt wird auch heute noch die besonders wertvolle weiße Trüffel gefunden.

Die Krebsnasen zu füllen

Nimm von gesottenen Krebsen die Schalen, tu die Galle davon, putze sie sauber aus und mache die Fülle darein: schlage Eier in ein Häferl, tu die Semmelbresel darein, ein wenig Rahm und Krebsbutter, gehackte Krebsschweife und Morcheln, pfeffern und salzen; fülle es in die Schale, back es in Schmalz. Man kann es zum Karfiol oder zu eingemachten Hühnern geben.

Krebsnasen dienten als Beilage oder als Garnitur und wurden eigentlich in der Rubrik Mehlspeisen geführt.

Karpfen in der braunen Sauce

Es wird ein Fisch-Sud gemacht , gelbe Rüben und Zwiebel dazu, dann den Karpf in Stücke schneiden, ihn in den kalt gewordenen Sud legen, dann eimal aufkochen lassen und beiseite gestellt. Unterdessen macht man von einem Stück Butter, 4 Kochlöffel Mehl und etwas Zucker eine ziemlich braune Einbrenne, gießt ein Quart roten Wein daran, rührt von dem Sud eine ziemlich dicke Sauce, läßt sie gut auskochen, durch ein Sieb passiert, den Karpfen auf ein Tuch gelegt, auf eine Platte

angerichtet, die Suppe darüber gegossen.
Quart = ca. Viertel Maß = 0,26725 Liter
Diese braune Sauce ist sehr deftig, aber gerade für den Karpfen sehr passend.

Frösche gebacken
Die Froschkeulen werden zweimal durchgestreckt, gewaschen, gesalzen, in einem Tuch abgetrocknet, in Mehl umgekehrt, dann in Ei und Semmelbresel paniert und im Schmalz hellgelb gebacken.
Aus Gründen des Tierschutzes und der großen Bedeutung im Naturhaushalt sollten Sie heute auf Frösche verzichten; außerdem finden bei den Fröschen nur die Schenkel Verwendung.

Gedämpfte Frösche
Die Frösche gewaschen, in eine Kasseroll ein Stück Butter getan, die Frösche hineingelegt, zugedeckt, weich gedünstet, dann werden sie herausgehoben, in die Sauce einen Löffel Mehl, etwas weißen Wein, gehörig Salz hinein, die Sauce gut auskochen lassen, das Fett heruntergenommen, die Frösche in eine Schüssel und die Sauce darüber getan.
Wir sind sicher, daß auch bei diesem Gericht nur die Froschschenkel gedämpft wurden.

Schellfisch in Sellerietunke
Zutaten: 3 bis 4 mittlere Sellerieknollen, Selleriegrünes, 2 bis 3 Pfund Schellfisch, Salz, etwas Mehl und Milch. Die Sellerieknollen werden gewaschen, geschält, mit soviel Wasser als man zur Tunke braucht weich gekocht und durch ein Sieb getrieben, 1 bis 2 Eßlöffel Mehl hat man mit etwas kalter Milch angerührt, der Sellerietunke beigefügt und

alles zusammen mit dem nötigen Salz sämig gekocht, nötigenfalls mit etwas Mich verdünnt. Auch Trockenmilch ist verwendbar. Inzwischen hat man den Schellfisch zurecht gemacht, gewaschen, eingesalzen und in große Portionsstücke geteilt. Der Fisch wird in der Tunke weich gedämpft, das Grüne des Selleries wird gewaschen und gehackt und mit etwas kalter Butter nach einiger Zeit mit dem Fisch gedämpft. Man richtet den Fisch in der Tunke an und reicht das Gericht mit fettlos gebratenen Kartoffelbällchen an.
sämig = seimig = dickflüssig

Majonaise mit Krebsen
2 Eidotter werden gut gerührt, dann ein Quart Öl tropfenweise hinein und gut rühren; dann 2 gesottene Dotter mitrühren, dann salzen, ein Spritzel Essig, klein wenig weißen Pfeffer und Paprika; es muß dicklich bleiben. Dann auf die Platte geben. Krebse auslösen, das Eiweiß von den 2 Dottern in Schifferl schneiden, auf jedes ein Scherl oder Schweiferl; mit Kapern noch verziehrt, an einen kalten Ort stellen und warten und vor der Suppe am Tisch geben.
gesottener Dotter = gekochtes Eigelb
Scherl = Schere
Schweiferl = Schwänze
Das Eiweiß von den zwei Dottern ist selbstverständlich das gekochte Ei ohne Dotter, halbiert gibt es Schifferl.

Mehlspeisen

Mehlspeisen waren in den Menüs eigenständige Gänge. Gerichte, die einmal süß und einmal sauer waren, teilweise waren es warme Pasteten, Mehl- und Fastenspeisen im heutigen Sinne.

Zitronenmus

Man nimmt 5 Loth Zucker und 5 Eidotter. Reibt von einer halben Zitrone die Schale hinein und rührt es sehr fein. Hernach gibt man von 5 Klaren den Schnee darüber und von einer halben Zitrone den Saft, dann schmiere ein blechernes Backblech mit Butter, fülle es ein und gib es ins Rohr, backe es.

warmer Zitronenauflauf

Mit dem Backblech ist hier eine Backform gemeint.

Semmelpudding

Rindle um 3 Kreuzer Semmel ab und weiche sie in Milch und drücke sie dann aus, gib sie in eine messingerne Pfanne, trockne es auf dem Feuer herunter, gib es dann in eine Schüssel und laß es auskühlen. Treibe ¼ Pfund Butter daran ab, schlage

8 Eidotter daran, Zucker an Limonen abgerieben, soviel, daß es süß genug wird. Dann gib den Schnee von 8 Eiklar daran, schmiere ein Model mit Butter, besäe ihn mit Zucker, fülle den Teig hinein und gib es in Dunst. Eine Stunde muß es dünsten, dann stürze es und ziere es mit Eingesottenem oder gib eine Weinschoto darüber.

Die Mengenangabe „3-Kreuzer-Semmel" bezieht sich auf ungefähr 150 Gramm Semmel oder Toastbrot.

Dunst = Wasserbad oder Dampf; Sie können auch in ein größeres Gefäß Wasser geben und die gefüllte Form hineinstellen und dann im Backrohr garen.

Schoto = Chaudeau = Schaumsauce

Grem Mehlspeise

Ein gutes Quart gesottene aber kalte Milch, 1 Kochlöffel Mehl, wird fein angerührt und 8 Eidotter darein. Dieses laß auf der Glut unter beständigem Rühren so dick werden wie Kindsmus. Gib es dann in eine Schlüssel, laß es auskühlen, dann wird an Zitronen Zucker abgerieben, daß es dann süß genug wird. Von den 8 Klaren, den Schnee, verrühre es gut, schmiere dann eine Schüssel mit Butter, gib eine Lage Teig hinein, dann eine Lage Tortenbresel und Eingesottenes. Gib den übrigen Teig darauf und laß es im Rohr aufziehen, dann besäe es mit Zucker und brenne es mit glühenden Eisen auf und laß es ausbacken und gib es zur Tafel.

Grem = Creme

Eingesottenes = Marmelade

Auch in diesem Rezept wird der glühende Schürhaken (Eisen) zum Karamelisieren von Zucker verwendet.

Weinmus

Man weigt um 5 Kreuzer abgerindete Semmeln in weißem Wein ein, trocknet es dann in einer Pfanne herunter, gibt es in eine Schüssel, läßt es auskühlen, dann treibt man ½ Vierling Butter daran ab, gibt noch etwas kalten Wein daran und Zucker, daß es süß genug ist; schlage dann 14 Eidotter, verrühre sie gut, dann gib von 14 Klar den Schnee darein, schmiere ein Backblech mit Butter, gib eine Lage Mus darein, dann lege eine große Oblate, bestreiche es mit Eingesottenem, lege wieder eins darauf, dann das andere Mus, gib es ins Rohr und laß es kühl backen. Es wird nicht gestürzt.

weigt = weichen

Vierling = Vierting = 140 Gramm

Wenn Sie das Rezept zum ersten Mal zubereiten, verwenden Sie nur ein Fünftel der angegebenen Menge.

Windkücherl

Nimm ¼ Pfund Wasser, ¼ Schmalz, laß es miteinander aufsieden, hernach rühre ein ¼ Pfund Mehl darein und 9 Eier, Zucker, daß es süß wird. Rühre es gut, schmiere ein Blech mit Wachs, mache kleine Häuferl darauf, überstreiche sie mit Eier, besäe es mit Zucker und backe es in einer starken Hitze heraus.

Statt Wachs empfehlen wir Backpapier.

Oblatenkücherl

Man schneidet Oblaten in viereckige Stücke, schneidet Brünellen fein, weiche sie mit Wein an, dann streiche es in die Mitte, lege eines darauf, dann mache man einen Brandteig; man läßt in einer Pfanne Milch mit einem Stück Butter sieden, dann kocht man Mehl ein und trocknet den Teig auf der Glut herunter, bis er sich von der Pfanne löst. Hernach gibt man den Teig in eine Schüssel, schlägt ein Ei nach dem anderen hinein, die zuerst in ein laues Wasser kommen, Zucker, dann ein wenig lauen Wein daran. Der Teig muß immer warm gehalten werden. Dann taucht man die gefüllte Oblate an den 4 Seiten ein und backt sie im heißen Schmalz und dann besäe sie mit Zucker.

Viereckige Oblaten können heute fertig geschnitten gekauft werden.

Brünnellen = Prünellen =frz. Prune = Pflaume (gesprochen Prünn), gedörre Früchte, Backobst

Hupfaufkrapferl

1/4 Liter Wasser und 8 Loth Schmalz siedend machen, dann 8 Loth Mehl darein gerührt. Rühr es auf der Glut gut zusammen. Laß es auskühlen, 6 Eier und etwas Salz, dann auf ein mit Wachs geschmiertes Blattl, kleine Krapferl machen und recht schnell heraus backen. Dann Eingesottenes darauf und überzuckern.

Heute bekannt unter Brandteigrezept.

Blattl = Blech, Backblech

Bischofsbrot

Man nimmt auf ein Pfund Zucker, 20 Eidotter und von dem Klar den Schnee, welchen man die Hälfte gleich verrührt und den anderen zuletzt; hernach 36 Loth Mehl, dann ¾ Pfund. abgezogene, gestiftete, geschnittene Mandeln, ¾ Pfund Zibeben, ¾ Pfund Weinbeeren, 6 Loth Pomeranzenzelten, alles länglich geschnitten und von einer Zitrone die Schale, alles gut verrührt. Dann einen Model mit

Butter ausschmieren und breseln, dann den Teig hinein und im Rohr backen. Dann wird es gestürzt und aufgeschnitten.
Zibeben = große Rosinen
Pomeranzenzelten = Bitterorangenbrot oder -kuchen
Zelten = plattes Backwerk, Fladen, Kuchen

Das aufgeloffene Kartoffelmus
Siede die Kartoffel, schäle sie ab und zerdrücke sie fein. Treibe Butter daran ab, Zucker und Limonenschalen, schlage 4 Dotter, rühre es schön pflaumig. Von 4 Klar den Schnee, schmiere dann ein Blech, gib ihn hinein und backt es im Rohr.
aufgeloffenes Kartoffelmus = Auflauf von Kartoffelmus

Aufgeloffenes Kindsmus
Man koche ein dickes Kindsmus, läßt es auskühlen, treibt ein ¼ Pfund Butter daran ab, schlägt Eidotter daran, Zucker an Zitrone abgerieben. Dann von Klar den Schnee darunter, dann schmiere ein Blech und gib den Teig hinein und backe es im Rohr aus.
Aufgeloffenes Kindsmus = Auflauf-Schnitten
Kindsmus = Bedarf: Drei Löffel Mehl, halber Liter Milch, Zukker und Zimt. Drei Löffel feines Mehl, wird mit ebensoviel kalter Milch im Muspfännchen zu einem glatten Teig angerührt, dann mit einem halben Liter Milch verdünnt und unter beständigem Rühren zu einem dicken Brei ausgekocht. Wenn sich während des Rührens der Boden des Kochpfännchens rauh anfüllt und anfängt gelb zu werden, ist das Mus fertig. Beim Anrichten bestreut man es mit Zucker und Zimt oder man bestreut es dick mit Zucker und brennt es mit einem glühenden Schäufelchen.

Pfannkuchen mit Äpfel

Nimm einen Kochlöffel voll Mehl, rühre es mit süßer Milch an, schlage 3 Eidotter daran, Zucker, daß es genug süß wird. Schneide einen Apfel fein darein, dann lasse auf einen Karbonadenreindl Schmalz heiß werden, gieße den Teig darauf, mache in der Mitte eine Öffnung, gieße heißes Schmalz darauf. Wenn er braun ist, wende ihn um und gieß wieder heißes Schmalz darauf, laß ihn braun werden, dann wird er gestürzt und überzuckert.

Mit geschlagenem Eiweiß wird der Pfannkuchen noch lockerer.

Pfannkuchen mit Brünnellen

Man macht ihn wie den vorigen, nur anstatt den Äpfeln geschnitten, Brünnellen genommen.

Rahmstrudel

Nimm auf 2 Handvoll Mehl, 2 Eier und lauwarmes Wasser, daß der Teig genug weich wird, wirke ihn fein, daß er Blasen bekommt, laß ihn rasten, ziehe ihn aus auf einem feinen Polster. Schmiere ihn mit Butter und Rahm ein, säe Weinbceren und Zibeben darauf, dann leg ihn zusammen. Laß in einer Reine Schmalz und Milch heiß werden und leg ihn darein, gib ihn ins Rohr und laß ihn ausbacken.

Polster = Kopfkissenüberzug, Leintuch
Handvoll Mehl = ca. 50 Gramm Mehl

Aufgegangene Nudeln

Man mache ein Dampfl mit Mehl und lauwarmer Milch und guter Germ. Setze es in die Wärme, lasse es gehen. Dann laß Butter und Milch lauwarm werden, gieße eine daran und Eidotter. Schlage ihn dann recht fein ab, daß er Blattern bekommt. Dann stich es mit einem Glas aus, gib in eine Kasserol etwas Zucker, laß ihn braun werden, wenn man Krebsbutter hat, gib hinein und süße Milch, laß sie heiß werden, gibt die Nudeln hinein und läßt sie dünsten. Dann nimmt man sie heraus und gibt einen Obers Schoto darüber.

Dampfl = Hefevorteig
Blattern = Blasen
Germ =Hefe
Ohne Krebsbutter sehr verwandt mit unseren Dampfnudeln.
Obers = süße Sahne, süßer Rahm

Semmel Strauben

Nimm Semmelschmollen, weiche sie in Milch, drükke sie aus, trockne es auf der Glut herunter, nimm ein Stück Butter, bis es sich von dem Löffel löst, schlage Eier daran, bis er die rechte Dicke bekommt. Salze ihn, gib ihn durch den Trichter ins heiße Schmalz, backe sie schön braun heraus.

Straube = Spritzgebäck, schmalzgebacken
Schmolle = entrindetes Weißbrot
Trichter = Spritzbeutel

Kaiserpudding

Man treibt ein ¼ Pfund Butter ab, dann schlägt man 3 Eidötter und 4 ganze Eier darein, von den 3 Klar wird Schnee geschlagen, dann ein ¼ Pfund fein gestoßene Mandeln und 6 Loth Zucker. Rühre es pflaumig ab, gibt ein paar Handvoll Semmelbresel dazu, von einer Zitrone den Saft, zuletzt den Schnee. Dann gib es in ein geschmiertes Model, dann stelle es in den Dunst und gib Weinschoto darüber.

Mit dem „Weinschoto" (warmer Weinschaum) kann man eine Kaiserkrone andeuten.

Schokolade Mus

Man trockne Milch geweigte Semmel auf der Glut herunter, läßt es auskühlen, treibt dann ein Stück Butter daran ab, schlägt Eidötter daran, bis er nicht mehr anzieht. Dann gib eine Handvoll gestoßener Mandeln, Zucker, daß es süß genug wird. Dieses gut verrühren, dann von dem Klar den Schnee und geriebene Schokolade daran. Schmiere ein Blech mit Butter, fülle den Teig hinein und laß es im Rohr langsam backen. Es muß schön auflaufen.

Nicht zu verwechseln mit Mousse au Chocolat.

Germkrapferl

Nimm 8 Loth Butter und 8 Loth Schmalz, treibe es pflaumig ab, schlage 6 Dötter und ein ganzes Ei daran, jedes gut verrührt mit 3 Eßlöffel von Germ, salze es. Nimm soviel Mehl, daß man den Teig walgen kann und ein klein wenig Milch. Walge ihn dann einen kleinen Finger dick aus, radle ihn dann auf dreieckige Flecklein aus, fülle sie mit Weinbeeren oder Zibeben oder auch Ribisel und etwas Vanille, daß sie dann noch gehen und backe sie dann schön braun aus dem Schmalz heraus.

Die dreieckigen Flecke müssen Sie zusammenrollen und nochmals gehen lassen.

Ribisel = Johannisbeeren

Brotmehlspeise

15 Eidotter werden mit ½ Pfund Zucker pflaumig gerührt. ½ Pfund Mandeln fein geschnitten, 2 Loth Zitronat, 6 Loth schwarze Brotbresel, Zimt und Nelken nach Belieben, dann den Schnee. Hernach schmiert man das Blech mit Butter, gibt es hinein

und bäckt es im Rohr heraus.
Der Name Brotmehlspeise stammt von den schwarzen Brotbröseln. Auffallend ist, daß bei den Mehl- und Süßspeisen sehr oft statt Mehl Brösel von Weißbrot, Schwarzbrot und Kuchen verwendet wurden.

Wiener Gugelhupf

Man nimmt ½ Pfund Schmalz, treibt es pflaumig ab, schlägt 10 Eidotter, einen nach dem anderen darein und mit jedem Dotter einen Löffelvoll Mehl, dann eine Handvoll gestoßener Mandeln, Zucker an Zitrone abgerieben, daß es süß genug ist, dann 2 Löffelvoll abgewässerter Germ, dann von den 10 Klaren den Schnee, rührt es gut ab, füllt den Teig in eine geschmierte und gebreselte Model, läßt ihn noch gehen, gib ihn dann ins Rohr und laß ihn backen.
abgewässerter Germ = Die Hefe selbst angesetzt, bei Gebrauch ein Stück entnommen und entwässert.

Salzburger Strudel

Auf 1 Pfund Mehl nimmt man ¾ Pfund Butter, in das Mehl gewalgt, dann nimmt man 4 Eierdötter und süßen Rahm, macht ihn so an, walgt ihn Messerrücken dick aus, radle längliche Fleckerl aus und fülle sie wie folgt: man nimmt ¼ Pfund Mandeln mit 3 Eier und 1/8 Pfund Zucker auf Zitronenschalen, rollt die Fleckerl zusammen, gib sie auf ein geschmiertes Blatt, bestreich sie mit Wasser, besät sie mit Zucker und brät es schön braun.
walgen = walken = rollen
Der Salzburger Strudel besteht aus einem Rahm-Strudelteig; er muß im Rohr gebacken werden und „blättert“ sehr schön auf. Das besondere daran sind die portionierten Fleckerl, Strudel genannt.

Krebsmeridon

Man siede die Krebse, löst sie aus, schneidet sie gewürfelt, ebenso blanchiere Kalbspriese, Euterl, Hühnerleber und Magen, Mauracheln, Spargelköpfe, grüne Erbsen. Alles kleingeschnitten, setze es dann auf Kohlen, stäubt es ein wenig, damit es sich bindet, läßt es dann auskühlen, belegt ein Model mit ausgewalgtem Butterteig, gibt das Geschnittene hinein. Dann treibt man etwas Krebsbutter ab, schlägt Eidotter daran, die Klar zu Schnee, etwas milchgeweigte Semmel, etwas Salz und Pfeffer, rührt es gut ab, streicht es dann darüber und macht ein Gitter vom Butterteig darüber und bäckt es im Rohr.

Auf Kohlen setzen heißt, durch Entfernen der Ofenringe wurde eine rasche, kurze Hitze erreicht. Aufwendig in der Zubereitung, aber durch die Verschiedenartigkeit der Zutaten ein besonderer Gaumenkitzel.
Meridon = Auflauf, warme Platte
Priese = Bries

Wespennest

Man nimmt 2 Handvoll gewiegte Mandeln, ebenso viel Rosinen und die Hälfte Weinbeeren, dann 3 Löffel voll Semmelbresel, läßt es anziehen. Mache einen Pfannkuchenteig von Eiern, backe dünne Flecke auf einer Omelettpfanne mit heißem Schmalz, streiche die genannte Fülle darauf, rolle sie zusammen, schmiere ein Blech mit Butter, stelle die Rolletten hinein ganz voll, gib dann einen Guß von 7 Eidottern, süßen Rahm und 2 Löffel Zucker darüber und backt es dann im Rohr. Es wird nicht gestürzt.

Rolletten = zusammengerollter Pfannkuchen
Das Wespennest ist fertig, sobald Eigelb und Rahm gestockt sind; noch warm servieren.

Schmankerlmus

Man macht ein dünnes Kindsmus mit etwas Butter und Zucker, gib auf ein neuverzinntes Karbonadenreindl ein wenig heißes Schmalz und bäckt auf der Glut von dem Mus ganz dünne Flecke, welche Schmankerl heißen. Einige davon drehe zusammen auf Stanitzel. Dann macht man Nöckerl: man treibt etwas Butter ab, schlägt Eierdötter daran, Zucker, gestoßene Vanille darunter und Mehl, mit dem Schnee von dem Eiklar, schlägt es klein in siedende Milch. Wenn sie ausgesotten sind, nimm sie heraus und dann schmiere eine flache Porzellanschüssel mit Butter, gib eine Lage Nöckerl, dann ein Schmankerl und streiche Eingesottenes darauf, dann wieder Nöckerl, wieder Schmankerl und sofort, immer spitziger. Es darf hoch werden. Dann steckt man die Stanitzchen darein, legt eine Weichsel darein, auch daneben eingesottene Ribisel, dann läßt man es im Rohr noch anziehen und gibt es zu Tisch.

Dieser „Schmankerlturm" ist sehr aufwendig in der Herstellung. Zum besseren Verstehen empfehlen wir das mehrmalige Durchlesen des Rezeptes. Die Nockerl werden wie Grießnockerl mit dem Eßlöffel geformt und in die kochende Milch eingesetzt. Wichtig: höchstens 10 Minuten im heißen Rohr überbacken.

Stanitzel oder Stanitzchen = hier: trichterförmig zusammengerollte Schmankerl

Schmänkelein (Schmankerl) = was vom Brei oder Mus ans Geschirr anbrät: Kruste

Kitten Mus

Man nimmt Kittendest oder auch rohe Kitten, das erste wird mit Eiklar aufgelöst und gestoßen, das andere aber im Rohr gebraten. Das Mark abgestrichen und mit Zucker vermengt so auch der Dest, daß er ganz dick wird. Dann von 8 Eiklar den Schnee darein. Ein geschmiertes Beck gefüllt im Rohr gebacken, aber nicht gestürzt.

Beck = feuerfeste Form
Dest = Dickes Mus
Kitten = Quitten

Butterteig

½ Pfund Mehl wird mit 1 Pfund Butter gut abgemacht, die andere Hälfte Mehl wird mit 4 Eidottern und ein Klar, süßen Rahm, 2 Eierschalen voll Wein oder Essig recht fein ab, bis er Blattern bekommt, dann beide an einen kühlen Ort, lasse es ein paar Stunden rasten, dann wird dieses mit dem Nudelwalger abgeschlagen, legt es wieder zusammen und läßt es wieder rasten, dann werden beide zusammen dreimal geschlagen. Dann kann man daraus machen, was man will. Macht man Krapferl, walgt man ihn 3 Messerrückendicke aus und sticht mit einem Glas Radl aus, mit Weinbeeren füllen, 2 aufeinanderlegen, mit Eidotter überstreichen, auf einem Blattl im Rohr gebacken. Macht man Bögen, wird er auch gewalgt und längliche Stücke geradelt und auf die dazugehörigen Bögen gelegt, mit Eier überstrichen und auf einem Blattl gebacken.

Der „Butterteig" ist eigentlich ein Blätterteig. Der Teig wird dreimal zusammengelegt und dann wieder ausgerollt.
abgemacht = vermischt
Blattl = Blech

Metternich Kuchen

Man walgt den Butterteig aus, legt ihn auf ein Blattl, dünste dann Äpfel weich, zerdrückt sie fein, streicht es dann auf den Butterteig. Schneide dann noch längliche Stücke, Finger breit auf die Äpfel, lege eines nach dem anderen darauf. Schmiere ihn mit Eier und backe ihn im Rohr. Schneide sie in Stükke und überzuckere ihn. Man kann auch statt Äpfel Hagebutten nehmen.

Der „Metternich Kuchen" ist ein Blätterteig-Strudel. Besonders wichtig ist hier, daß die Teigstreifen dünn ausgewalkt und in Gitterform aufgelegt werden.

Mürber Teig

1 Pfund Butter, 1 Pfund Mehl, 2 ganze Eier, 2 Dotter, 1 Löffel saurer Rahm , salzt ihn ein wenig, macht alles zusammen und läßt ihn ein wenig rasten. Dann kann man davon machen, was man will.

Ungesüßter Mürbteig, auch für Pasteten, Quiche und Tartelettes.

Geriebener Gerstenauflauf

Mache eine feine Gerste, koche sie in Milch dick, dann seihe es ab, laß es kalt werden, dann treibe ¼ Pfund Butter daran ab, schlage 8 Eierdötter daran, von 6 Klar den Schnee, Zitronengeruch und Zucker nach Belieben. Dann in einem geschmierten Beck im Rohr gebacken.

Gerichte mit Gerste werden wieder beliebter.

Kartoffelpudding

Die Kartoffel werden roh geschält, dann weich gekocht, abgesiehen, recht fein zerdrückt. Dann werden von soviel Eiern, als es Kartoffel gewesen sind, die Dotter daran geschlagen, hernach den Schnee

darein, Zucker, Zitrone, oder Vanille nach Belieben. Diese Masse wird in einer Blechform im Dunst gekocht, mit Vanillesoße serviert, kalt oder warm. Man kann es gesulzen und statt Vanillesoße mit zerlassener Butter und Petersilkraut geben.
Dieses Rezept kann süß oder sauer zubereitet werden. Der „sauere“ Kartoffelpudding gefällt uns als Beilage zu Fisch- und Fleischspeisen.
abgesiehen = abseihen

Gefülltes Milchbrot
Man nimmt rundes Milchbrot, reibt die äußere Rinde ab, schneidet oben den Deckel weg, höhlt dann die Brosamen heraus, dann schneide man 4 Loth abgezogene Mandeln, vermengt es mit gestossenem Zucker, Zimt, Zitronenschalen und geschnittenen Rosinen. Feuchtet es mit Wein nicht zu naß an, füllt dann das ausgehöhlte Brot damit. Bindet dann den Deckel mit einem Faden hinauf und backt dann das Brot in heißem Schmalz schön gelb und läßt es im roten Wein aufsieden. Man kann das Brot in Eiern und Milch eingeweicht in Schmalz backen.
Wir empfehlen zwei Scheiben Toast zu entrinden, mit obiger Fülle bestreichen, halbieren oder vierteln, in etwas Milch und Ei einweichen und dann in der Pfanne mit Butterschmalz herausbacken. Mit Zwetschgenmus gefüllt sind es Zwetschgenpafesen.

Hohlerhippen
½ Mäßl Mehl, Zucker, Zitronenschalen, Zimt nach Belieben. Sprudle 5 Eier in Wein ab, gieße es in das Mehl, verrühre es gut. Man nimmt soviel Wein, daß der Teig dünn genug wird, dann werden sie

in den dazugehörigen Eisen welches mit Schmalz geschmiert wird, auf der Glut gebacken.
Mäßl = Maß = 1,069 Liter
Für Hohlerhippen oder Hohlhippen benötigen Sie ein spezielles Pasteteneisen, das sie in den Teig tauchen und im heißen Fett oder in der Glut innen hohl backen und warm vom Eisen streifen. Sie können den Teig auch dünn auf ein gefettetes, gemehltes Backblech streichen, backen und dann noch warm über eine Holzrolle formen.

Abgetriebene Waffeln
½ Pfund Butter wird pflaumig abgetrieben, 12 Eidotter werden daran geschlagen, von 8 den Schnee, ¼ Pfund Zucker, Zimt. Ein Seidel süßen Rahm, ½ Pfund Mehl, alles gut verrührt, das Eisen mit Schmalz geschmiert, in der Glut schön gelb backen.
Sie nehmen hierzu ein normales Waffeleisen.

Waffeln auf eine andere Art
½ Pfund Butter abgetrieben, 4 ganze Eier, 4 Dotter, das Klar zu Schnee und so oft man ein Ei schlägt, jedes mal ein Löffelvoll Mehl, so daß es ein ½ Pfund ausmacht und ½ Maß Obers schaumig rühren.
Obers = süße Sahne, süßer Rahm

Semmelauflauf
Um 4 Kreuzer Semmeln schneidet man fein gewürfelt, sprudle 6 ganze Eier, 4 Dotter, ½ Maß süßen Rahm gut ab, Zitronen, Zucker, etwas Zimt darüber, gieße es über die Semmel, läßt es ½ Stunde einziehen, bestreicht das dazu bestimmte Blech mit Butter, bäckt es langsam im Rohr.
Ohne Zucker ist ein Semmelauflauf eine hervorragende Beilage für viele Gerichte.

Äpfel im Kartusch

Die Äpfel werden geschält, in der Mitte ausgehöhlt, in Eier und Bresel umgekehrt, im Schmalz gebakken, dann auf ein Blattl gelegt. Hernach treibt man ein Stück Butter ab, mit hartgesottenen, klein gehackten Eidottern und gestoßenen Mandeln, schlägt Eier daran, die Klar zu Schnee, gieße Zukker nach Belieben, dann gib es auf die Äpfel und in mittlerer Hitze backen, ehe man den Teig darüber gibt, werden die Äpfel mit Eingesottenem gefüllt.

Kartusch = vermutlich die Bezeichnung für den Apfelüberzug

Ramerlpasteten

Man koche gestoßene Schmankerl in siedenden süßen Rahm, daß es ein dickes Mus wird, gib ein Stück Butter daran und laß es auskühlen, dann treibe es mit Eidottern gut ab. Zucker und Vanille darein, die Klar zu Schnee und darein gerührt, dann eine Model mit mürben Teig ausfüttern, den Teig hinein und im Rohr backen.

Ramerl = knusprig braun Gebratenes, bezieht sich hier auf gestoßene Schmankerl.
Die gestoßenen Schmankerl dienen hier als feinste Bindung.

Brünnellenauflauf

3 Kreuzer milchgweichte und abgetrocknete Semmeln treibt man mit einem Stück Butter ab, 2 Handvoll gewaschene, fein geschnittene Brünnellen, 2 Handvoll gestoßene Mandeln, Eidotter, Zitronenschalen und Zucker nach Belieben, zuletzt den Schnee ziemlich weich gehalten. In ein mit Butter bestrichenes Beck gefüllt, im Rohr gebacken; nimmt man Zwetschgen, löst man selbe im roten Wein auf.

abtrocknen = in einem Tuch die Flüssigkeit ausdrücken Das Eiweiß von den Eidottern wird zu nicht zu festem Schnee geschlagen und am Schluß unter den Teig gehoben, dadurch wird der Kuchen lockerer. Siehe Pfannkuchen und Bisquit.

Schweizerhosen

Backe Fridattenfleckl, treibe etwas Butter ab, Zukker, Weinbeeren, Rosinen, Zitronenschalen und Eidotter mit abtreiben. Die Klar zu Schnee und ein wenig Semmelbresel, dann bestreiche diese Fleckerl mit dieser Fülle, lege sie viereckig zusammen, stelle es in ein Beck, gib siedende Milch daran, back es im Rohr und gib es überzuckert zur Tafel.

Fridattenfleckl = kleine Pfannkuchen = Crepes
Die Schweizerhosen erinnern etwas an Topfenpalatschinken, aber ohne Topfen.

Eidotterkoch

Treibe ¼ Pfund Butter ab, rühre nach und nach 16 Eidotter, 2 und 2 miteinander darein, dann rühre es 1 Stunde, gib 4 Loth Zucker und den Schnee von 4 Klar darein, tu es in ein Beck, dann bestreiche Oblaten mit Eingesottenem, rolle sie zusammen, schneide fingerlange Würstel davon, stecke es in einen Kranz herum und stelle es ins Rohr.

Beck = feuerfeste Form
Die Mengenangabe „2 und 2" bezieht sich darauf, daß die Eidotter nach und nach zugegeben werden. Die langen Rührzeiten von damals, hier eine Stunde, erklären sich so, daß alles von Hand gerührt werden mußte. Wir haben es heute leichter, mit den modernen Mixern verkürzt sich die Zeit auf höchstens 5 Minuten. Wenn die Oblaten mit Marmelade (=Eingesottenem) bestrichen werden, werden sie weich und können dann ganz leicht gerollt werden.

Überlegtes Weinkoch

In 4 Loth Butter röste 4 Loth Semmelbresel gelblich, gib dann soviel heißen Wein darin, daß es ein dickes Koch wird. Nimm es dann vom Feuer weg, rühre, bis es überkühlt ist. Gib dann den gehörigen Zucker dazu, dann rühre es mit 4 Dotter gut ab, zuletzt von 3 Klar den Schnee darein und Zitronenschalen. Dann fülle etwas in ein rundes Beck, belege es mit Erdbeeren, besäe es mit Zimt, Zucker, dann wieder Teig darauf, hernach Erdbeeren und so fort bis es voll ist, dann im Rohr backen.

überlegtes = belegtes
Koch = Eingekochtes, Mus, wie Apfelkoch und Hollerkoch
überkühlt = abgekühlt
Erdbeeren und Teig werden schichtweise aufgelegt.

Kaiserstock

Man nimmt ½ Maß Obers, bindet Vanille in ein Tücherl und läßt es in den Obers sieden, dann laß es auskühlen und nimmt 16 Eidotter und 6 Loth Zucker, sprudle es mit dem Obers gut ab, dann fülle alles in einen geschmierten Melonenmodel und stelle es in Dunst. Wenn er fertig ist, es muß ganz hart werden, stürzt man ihn heraus und gibt ein Schoto darüber.

Stock = Gestocktes (hier: Pudding)
Kaiserstock = Kaiserpudding
Erinnert an Karamelcreme. Kann vom Geschmack her variiert werden. Eine Kalorienbombe. Wir empfehlen den Kaiserstock in kleinen Förmchen zu pochieren.

Das kleine Herzogbrot

2 Seidel gesottenes Obers, ½ Seidel feines Mehl, 6 Loth Butter, 6 Loth Zucker, kommt in das kochende Obers, dieser Teig gut abgetrocknet, dann auskühlen lassen, hernach mit 4 Dotter und 4 ganzen Eiern gut abtreiben lassen, auf ein mit Wachs geschmiertes Blattl dressiert, mit Wasser überstreichen, mit Vanille und Zucker besäen und im Rohr backen.

dressieren = Spritzen (mit dem „Dressiersack") von Teigen, Massen oder Cremes

Die Sahne oder Milch muß heute nicht mehr abgekocht werden. Am Kochpunkt konnte man feststellen, ob Milch oder Sahne sauer waren. Es gibt natürlich Rezepte, in denen Sahne oder Milch zum Kochen gebracht werden müssen.

Feinerer Brandteig

Mandel Marschallen

Man macht 1 Pfund Butterteig, walgt ihn Messerrücken dick aus, dann macht man folgende Fülle: nimm ½ Pfund geschälte und gestoßene Mandeln, ¼ Pfund Zucker, von ½ Limone die Schale, gib alles in eine Schüssel und rühre es mit 3 ganzen Eiern und 2 Dotter ¼ Stunde. Dann schmiere man einen Butterteig in der Größe eines halben Bogens Papier, streiche die dicke Fülle darauf und schlägt ihn dann zusammen. Dann macht man alle 2 Finger lang einen Schnitt darein, aber nicht ganz durch, überstreicht ihn mit Wasser, mit Zucker besäen und schön gelb backen. Dann werden sie nachgeschnitten.

Marschallen = viereckiges Stückchen

Gefülltes Blätterteiggebäck

Hühnermus

Man trocknet milchgeweichte Semmel, treibt ¼ Pfund Butter daran ab, nebst gewiegte Mandeln, schlage 6 Eidotter daran, gib gestoßene Muskatblüte und Salz daran, dann den Schnee, hernach blanchiere die Hühner, ziehe davon die Haut ab, daß sie schön weiß sind, dann zergliedere sie, gib dann in eine geschmierte Model, die Hälfte Teig, dann leg die Bügel darauf, den anderen Teig darauf, hernach im Rohr backen, unterdessen wird das Gerippe von den Hühnern in ein Reindl mit Butter, Petersilienkraut und Gewürz gedünstet. Hernach anstäuben mit Mehl und mit Suppe aufgießen, auch ein wenig Wein daran und ein bißchen Bertram Essig. Es muß gut pikant werden, laß es gut kochen, dann seihe es durch und gib es neben der Mehlspeise zu Tisch.

Bügel = bei kleineren, vierfüssigen Tieren der Vorderschenkel, bei Geflügel die Haxerl
Bertram = Estragon
Wir verwendeteten das ganze Hühnerfleisch.

Ochsengurgeln oder Schnürkrapfen

Mache einen mürben Teig von ½ Pfund Butter, ¾ Pfund Mehl, 2 Eier und ein wenig sauren Rahm, salzen und Zimt und Zucker, auch Neugewürz. Mache alles gut ab dann walge ihn Messerrücken dick aus, schneide ihn viereckig, binde ihn an den Model und backe ihn im Schmalz, dann streiche es inwendig mit Eingesottenem aus und überstreue es mit Zimt und Zucker, so macht man auch die Bärentatzen.

Neugewürz = Gewürzkörner: Piment
binde ihn an den Model = Der viereckig ausgeschnittene

Mürbteig wird über ein drei bis fünf Zentimeter dickes Model oder eine hitzebeständige Walze gedrückt und verschnürt. Durch die Schnürung wird eine Gurgel (=Schlund) angedeutet. Sie entspricht der Form einer Schaumrolle.

Kaiserliches Mandel Milchkoch

Stoße 2 Handvoll Mandel fein, rühre es mit 2 Löffelvoll Mehl recht ab, gieße süßes Obers darauf, koche es dann auf der Glut wie ein Kindsmus, dann treibe es durch ein Sieb, zuckere es gut, dann gib es in die Schale, wo man es auf die Tafel setzt, tu dann die Glut darunter und herum, daß es schön räumlicht wird und gib es zu Tisch.

Die Glut darunter und herum, daß es schön räumlicht wird = Im Serviergeschirr nochmals ca. 10 Minuten ins sehr heiße Backrohr geben, damit es auflauft. Bei braunen Mandeln abseihen; nimmt man dagegen weiße, sollen diese im Gericht bleiben.

Eine Obstspeise mit Konfekt

Dünste Äpfel in Wein und Wasser, Zucker und Zibeben, zertreibe es und gib es auf eine Schale, stoße dann weißes Konfekt von Mandeln, mache von diesen einen Kranz und gib die Äpfel und in der Mitte einen Stern, auch Zibeben herum, gib es kalt auf die Gabel.

Zibeben = große Rosinen

Mandel Konfekt

¾ Pfund Zucker, 6 Loth geriebene Mandeln, 3 Klar Schnee, ein paar Tropfen Zitronensaft, alles gut gestoßen, dann ausgedrückt und backen.

Konfekt = Sammelbegriff für feine Süßspeisen

Zimtkränzl

Nimm ein Maßl Mehl, bresle ½ Pfund Butter darunter, ¼ Pfund Zucker und wenn der Butter zu wenig netzt, ein Eidotter, mache den Teig so an, dann wutzle ihn dick aus, zwicke ihn rundum auf und in Schmalz backen.

wutzeln = ausrollen
Anschließend mit Zimt und Zucker bestreuen.

Grem Äpfel

Man dünste ganze Äpfel in Wein und Zucker, daß sie aber nicht zerfallen, den Butzen aushöhlen und in die Lücke etwas Eingesottenes füllen, dann lege es in die Schale, wo man es auf die Tafel gibt, nicht zu nahe zusammen und ein wenig Soß dazu, wenn sie gedünstet haben und dann macht man eine Grem darüber: 2 Kochlöffelvoll Mehl, ½ Maß süßen Rahm, 15 Eidotter von 3 Klar den Schnee. Man läßt es auf der Glut unter beständigem Rühren dick werden; sieden darf es nicht, dann gibt man es über die Äpfel und stellt es ins Rohr, laß es backen, dann wird es überzuckert und aufgebrannt. Es muß gleich zur Tafel kommen.

Grem = Creme
Butzen = Kernhaus
Die Sauce ist der Saft von den gedünsteten Äpfeln. Die Äpfel werden mit nur ganz wenig Wein gedünstet. Mit Rotwein bekommen die Äpfel eine zartrosa Farbe. Wie bei vorhergehenden Gerichten wird auch hier der Zucker mit glühenden Eisen gebrannt.

Den gerechten Rahmteig

Nimm schönes Mundmehl, salze es, nimm ein ganzes Ei und Rahm soviel, daß der Teig noch fest zu arbeiten ist, arbeite ihn recht fein ab, dann nimm halb soviel Butter darein, schlage ihn übereinander 3 oder 4 mal. Hernach mache Krebspastete oder was man sonst will, mit heißem Messer muß der Teig geschnitten werden und gut backen.

Mundmehl = feinste Art Mehl
Siehe Butterteig/Blätterteig.

Krebs Nudel

Mache mit schönem Mehl, sauren Rahm, Eidottern und gehackten Krebsen einen Teig, man darf ihn aber nicht auswalgen, sondern mach längliche Stritzeln, schneide sie breit, dünste sie in süßen Obers und Butter.

Stritzel = Striezel = längliche oder geflochtene Gebäckart
Statt Krebse kann man auch Garnelen, Krabben oder Scampi nehmen.

Gute Hasenöhrl

Nimm schönes Mehl auf ein Brett, wirke Butter darein, mach es mit Eidötter, Wein und Rahm an, walze es Messerrücken dick aus, radle es ab, bakke es in Schmalz, die gefüllten Krapferl können auch von diesem Teig gemacht werden, auch die Schneeballen.

Der Name kommt von der Ohrform der Hasen; der Teig sollte auch so „abgeradelt" werden.

Germschlange

Nimm schönes Mehl auf ein schönes Brett, salze es, sprudle 4 Eier in ein Häferl, süß Obers, 3 Löffelvoll Germ ab, laß ¼ Pfund Butter zerschleichen, gieße ihn ins Mehl, bresle es untereinander ab, auch eine Handvoll Weinbeeren, hernach schütte die Eier und die Germ in das Mehl, mache einen klaren Teig an, gut gearbeitet, daß er die rechte Feste bekommt, hernach walge ihn fingerdick aus, schmiere ihn mit Butter, streue Weinbeeren in eine Reine, schlage ihn zusammen, schmiere den Kopf und Schweif durchaus wie gebräuchlich ist, in der Mitte schneide es fingerbreit und ½ Finger tief und flechte es übereinander, mache von 2 Weinbeeren die Augen, lege sie krumm auf das Blattl, welches geschmiert ist, laß es in der Wärme gehen, backe sie schön braun im Rohr.

zerschleichen = zerlaufen

Sehr dekorativ; statt einen Hefezopf einmal eine Schlange zu formen. Sie können selbstverständlich aus diesem Hefeteig fast alle Tiere formen.

Böhmische Golatschen

Treibe ½ Pfund Schmalz pflaumig ab, schlage nach und nach 8 Eidotter daran und 2 ganze Eier, zuletzt 1 Seitl Obers und Germ, mit schönem Mehl anmachen, mache den Teig gleich auf das Brett aus, runde Laibchen, bestreiche sie mit Eierweiß und streue gestiftelte Mandeln darauf, mit Zucker besäen und im Rohr schön gelb backen.

Golatsche = Kolatsche = Germmehlspeise

Seitl = Seidel

Eierweiß = Eiweiß mit Puderzucker dicklich verrührt, dient als weiße Glasur für Kuchen und Gebäck

Salzburger Nöckerl

Man setzt 1 Seidel süßen Rahm oder Milch mit einem Loth Butter auf Feuer, wenn es kocht, rühre soviel schönes Mehl darein, daß es wie fester Brandteig wird. Dann in warmen Teig 6 Eidotter und von 3 Klar den Schnee und ein wenig Salz, 2 Loth Zukker, ein wenig Vanille, rührt es gut ab, dann siede wieder 1 Seitl Milch, schlage ganz kleine Nöckerl wie Haselnüsse, siede sie alle ab und müssen immer, während die anderen gesotten, die ersten warm gehalten werden, dann sprudle 6 Eidötter in wenig süßen Rahm, dann die Milch, wo die Nöckerl gesotten haben, Zucker und Vanille einander ab, bis es dick ist, dann fülle ihn über die Nöckerl und gib es noch ein wenig ins Rohr, hernach zu Tisch.

Auch einen erfahrenen Koch oder Köchin wird dieses Rezept überraschen, da es sich von den jetzt üblichen Salzburger Nockerln abhebt, aber es lohnt sich diese Nockerl nachzukochen.

Göttermehlspeise

Man gibt ein Stück Butter, so groß wie ein Ei in ein Reindl, läßt ihn zerschleichen, rührt dann 4 Löffelvoll Mehl darein und läßt es ein wenig anlaufen, gießt ungefähr ½ Seitl süßen Rahm daran und verrührte es fein. Wenn dieser Teig kalt ist, gibt man zwei Eßlöffelvoll Zucker, die Schale von 1 Zitrone dazu, rührt dieses mit 6 Eidötter ½ Stunde, das Klar wird zu Schnee geschlagen und kommt zuletzt darin. Bestreiche ein Beck mit Butter, gib ein wenig von diesem Teig hinein, dann lege sehr klein gebackene Brandnüsse, dann wieder Teig und so nach Belieben. Dreimal, zuletzt kommt noch Nüsse Bisquit oder Schmankerln mit Eingesottenem darauf, läßt es ¼ Stunde backen, ehe man es zu Tisch gibt, macht man auf folgende Art Bund darüber: auf einen Löffelvoll Quittendest oder sonst einen anderen, 2 Löffelvoll Zucker, von 4 Klar den Schnee, ¼ Stunde gerührt, gib dieses in eine beliebige Form auf die gebackene Mehlspeise, laß es im Rohr noch abtrocknen und gib es schnell zur Tafel.

Brandnüsse = nußgroßes Brandteiggebäck

Diese göttliche Mehlspeise bekommt noch eine Haube (=Bund) darauf, die man statt mit Quitten auch mit Johannisbeeren, Erdbeeren usw. zubereiten kann. In beliebiger Form auf die bereits gebackene Mehlspeise gebracht, im heißen Rohr 10 Minuten bei 200 Grad überbacken.

Kartoffelnudeln

Man nimmt heiße geschälte Kartoffel, walgt sie mit dem Nudelwalger fein, gibt dann Mehl, 2 Eigelb, 1 Stück Butter und Salz darunter und macht das zusammen. Dann zieht man es langsam aus und gibt immer ein kleines fingerlanges Stängelchen herunter, kehrt sie in feinen Breseln um und bäckt sie in Schmalz oder bratet sie auf der Pfanne.

Bei diesem Rezept werden die gekochten Kartoffeln nicht durchgepreßt, sondern mit dem Nudelwalker klein und glatt gewalkt.

Maultaschen

Man gibt ungefähr 2 Handvoll Mehl auf das Nudelbrett, macht in der Mitte eine Grube, gibt da ein ganzes Ei hinein und macht alles gut ab. Dann schneidet man kleine Stücke, walgt jedes gut aus, bestreicht jeden Fleck mit zergangenen Schmalz, bestreut ihn mit Äpfel oder mit gerösteten Semmelbresel, dreht die Flecke zusammen, gibt sie in eine mit Schmalz bestrichene Reine und legt sie

der Breite nach aneinander. Dann gießt man ein abgeklöpfeltes Ei und gut überschwemmig Milch darüber und läßt sie eine gut halbe Stunde backen.
abgeklöpfeltes = verquirltes
überschwemmig = bedeckt

Fasching Krapfen
1 Pfund Mehl, 1 Löffel Germ und Milch ein Dampfl setzen, dann mit 8 Loth Butter, mit 8 Eierdotter und 1 Quart Obers anmachen, gehen lassen, ausmachen mit Eingesottenem füllen, zugedeckt mit Schmalz backen.
Quart = Viertel Maß = 0,26725 Liter
Wir empfehlen den Teig auszurollen, Marmeladenhäufchen setzen, den Teig zuklappen und die Krapfen ausstechen.

Topfennudeln
1 Pfund Mehl wird mit 1 Quart Milch, 5 Deka Hefe, 1 Pfund Topfen, etwas Salz, 2-3 Eier zu einen ziemlich starken Teig vermengt, den man zur Wärme stellt. Ist er halb aufgegangen, so werden Nudeln daraus formiert, solche auf ein mit Mehl bestreutes Tuch gelegt, und nachdem sie noch gehörig aufgegangen sind, im heißen Schmalz gebacken.
Deka = 10 Gramm
Topfennudeln werden wie Krapfen zubereitet, zusätzlich wird Topfen/Quark zur Teigherstellung verwendet.

Kartoffelnudel mit Hefenteig
Man nimmt 1 Pfund Mehl in eine Schüssel, rührt 1 Quart lauwarmer Milch und 5 Deka Hefe, macht man ein Dampfel an und stellt solches an die Wärme. Ist es gegangen so werden 5 Loth zerlassene Butter, 2-3 Eier, ein wenig Salz und 1 Pfund gesottene, kalte

geriebene Kartoffel darein gegeben und alles mit dem Kochlöffel gut zusammen durchgeklopft. Nachdem der Teig an einen warmen Ort noch etwas gegangen, bestreut man ein Brett, sticht mit einem Löffel Nudel aus dem Teig, legt sie auf das Brett und läßt sie auf einen warmen Ort noch einmal aufgehen, worauf man sie im heißen schwimmenden Schmalz bäckt, schön gelb. Nach Belieben bestreut man sie mit Zucker, wenn man sie nicht zum Braten gibt.
Kartoffelnudeln werden gemacht wie Topfennudeln, statt Topfen aber gekochte Kartoffeln.

Äpfelstritzel
Zertreibe einen gedünsteten Apfel, nimm ein wenig gestoßenen Mandeln und in Butter geröstete Semmelbresel, auch Limonenschalen, mache es mit einem Ei an, noch Zucker, daß es süß genug ist, dann mache Stritzerl aus und backe es im Schmalz, dann in Wein und Zucker aufsieden, so kann man es von allerlei Obst machen.
Stritzel = Striezel = längliche oder geflochtene Gebäckart

Gebackenes Heu und Stroh
Nimm auf ein Nudelbrett eine Handvoll Mehl, walge ein wenig Butter darunter, nimm 2 Eier, ein wenig Obers, bißchen salzen, mach den Teig in der Feste wie einen Nudelteig, walge ihn so fein als möglich aus, schneide feine Nudeln davon und backe es im heißen Schmalz schön lichtbraun; richte es auf ein Schüssel, gib ein wenig Weinbeeren darunter, dann nimm in ein Haferl, ein Seidel Obers, 3 Eidotter, ein wenig Zucker und Zimt, sprudle es gut ab, gib es über die Nudel, gib es unter Glut und laß es ½ Stunde backen.
Unter Glut = ins Backrohr

Gefüllte Schneeballen

Mach einen Teig an, wie den vorigen; dann mache 2 große Flecken, überstreiche einen mit Eingesottenen und leg den anderen darauf, dann radle viereckige Fleckerl aus, steche sie in der Mitte 3 oder 4 mal durch, zieh sie gehörig auf den Kochlöffel und beutle sie ins heiße Schmalz; laß es schön leicht braun werden, jeder Schneeballen muß in der Pfanne allein gebacken werden und überzuckern.

Die ca. 10 x 10 cm großen Fleckerl werden viermal eingeschnitten und der Kochlöffel, selbstverständlich der vordere Teil, durchgesteckt. Dann werden die Fleckerl rund ins Fett geformt. Vorsicht vor Hautverbrennungen !

Die Spanischen Winde

Nimm 12 frische Eier auf eine Waage, wiege soviel Zucker, als die Eier schwer sind, hernach nimm aufgeklopfte Eiklar von den benannten Eiern und tu den Schnee und Zucker in eine Schüssel. Eine Stunde gut rühren, dann mache auf ein Blattl mit Papier kleine runde Kücherl, backe es im Rohr heraus, wenn sie Falten bekommen, gib etwas Eingesottenes daran und geschwind ein anderes darauf, es muß schnell geschehen, in das sie noch naß sind, sonst bicken sie nicht.

bicken = picken = zusammenkleben

Dieses Rezept ist eine Baiser-Masse oder Meringe. Unser Rezept: 8 Eiweiß = 0,25 l, aufschlagen, 100 Gramm Zucker nach und nach unterschlagen, den restlichen Zucker einrühren. Zum Unterziehen verwenden wir Puderzucker, die Masse wird dann glatter.

Baumwollnudel

Nimm ½ Pfund Butter, treibe ihn pflaumig ab, schlage 10 Dotter daran, nimm 2 Löffelvoll Germ, ½ Seidel Obers und Mehl soviel, daß der die rechte Feste zum Walgen bekommt, etwas salzen, dann walge ihn fingerdick aus. Lege dann diese ausgemachten Nudeln auf ein Tuch und laß es gehen, dann ½ Seitl Obers, 4 Loth Schmalz und laß es sieden, dann die Nudel hinein, gib oben und unten Glut, unten muß die Glut auswendig sein, laß die Nudeln saftig dünsten.

ausmachen = ausstechen

Die Nudeln werden im Rohr wie Rohrnudeln zubereitet.

Süße Obers Nudel

Nimm 4 Eidotter, ½ Seitl Obers, 4 Loth zerschlichenen Butter und ein Löffelvoll Germ, sprudle alles gut ab, salzen, mache damit ¼ Mehl an, schlage den Teig gut ab und laß ihn gehen, mache dann die Nudeln klein aus, schmiere ein Kasseroll mit Butter, lege die Nudeln hinein und laß sie noch gehen, dann gieße siedenden Obers daran. Gib oben und unten Glut, damit sie schön rötlich werden.

Kleine Rohrnudeln. Auch unter dem Namen Dukatenbuchteln bekannt.

Erdäpfel Wandl

Man gibt 4 Eidotter in einen Hafen mit 3 Loth Zucker, ein wenig Salz, rührt es recht pflaumig ab, dann 3 Klar Schnee und ¼ Pfund fein geriebene Erdäpfel hinein, man rührt es dann so lange, bis es dick wird, auch Limonischalen darunter, fülle es in die geschmierte Wandl, backe es langsam, es werden 12 Wandl.

Wandl = Backform mit Mulden in Portionsgröße = Schöberlformen

Kleines Quantum des Krebskoch

Reibe auf ½ Pomeranze 2 Loth Zucker und soviel Zucker auf eine Limoni drücke den Saft beider Stücke, seihe ihn in Gläser, sprudle als dann 3 Gugen gesulzenen Saft eine Stunde mit 4 Dotter ab, hernach läßt man 2 Loth Mehl in 2 Loth Butter anlaufen, gib dann das Abgesprudelte und 4 Loth Zucker darein und laß es zu einem Kögerl zusammen gehen, dann gib es in einen Weidling, rühre es mit 4 Dotter gut ab, mische den Schnee von 4 Klar darunter, gib die Hälfte des Teiges in einen geschmierten und gezuckerten Model, lege eine Oblate darauf, streiche Eingesottenes darauf, dann den übrigen Teig, stelle es in Dunst.

gesulzter Saft = Sirup
Kögerl = Kugerl = hier: Zeichen eines Garpunktes
Weidling = irdenes Haferl
Typisch auch für die damalige Zeit: mit Phantasienamen den Appetit anzuregen. Krebskoch kommt ausschließlich von der roten Farbe des Gerichtes. Statt Pomeranze und Limone kann auch Blutorange und Zitrone verwendet werden. Laut Rezept werden sie vor dem Auspressen mit Zucker gut eingerieben.

Bisgoten Kremkoch

Laßt 2 Loth Butter zerschleichen, gib 2 Loth Bisgotenbresel daran und lasse ein wenig anlaufen und seihe dann den Saft von eine Limone in ein Häferl und soviel Wein, daß es 5 Eiergugen ausmacht. Hernach sprudle 5 Eidotter hinein, gib das samt Limonizucker in die angelaufenen Bresel und rühre es zu einem Koch, dann nimm es vom Feuer weg, passiere es durch ein Sieb und rühre es mit 3 Eidottern und Zucker gut auf und mische den Schnee von 3 Klar daran. Dann fülle die Hälfte in ein Model, lege abgebrochene Bisgotenstangerl darauf, welche in Wein oder in eingesottenem Saft getaucht werden, den anderen Teig darauf und in Dunst stellen. Man gibt eine Weinsoß mit Saft darüber.

Bisgoten = Biskotte = Löffelbisquit

Wiener-Kuchen

Auf 8 Loth Zucker nimmt man 8 Loth Rosinen, 8 Loth Weinbeeren, 8 Loth Feigen, 4 Loth Pomeranzenzeltl, schneide alles länglich und von 8 Eiern die Dötter. Gib in einen Hafen die Klar zum Schnee, gib die Hälfte Schnee in die Dötter und rühr es recht gut ab, gib dann den Zucker daran, nach einer Weile rühren, dann die geschnittenen Sachen hinein und 4 Loth Bresel. Dann den anderen Schnee, dann im Model langsam gebacken, im Rohr. Hernach einen Weinschoto darüber.

Pomernanzenzeltl = Pomeranzenbrot

Weinbeeren ist bei uns heute der Überbegriff für Rosinen, Sultaninen und Korinthen.

Statt Pomeranzenbrot können Sie Lebkuchen nehmen.

Mandelhobelscheiten

Man rührt 5 Loth Zucker, 2 Loth fein gestoßene Mandeln mit dem Klar von 2 Eiern bis es dick wird, dann vermischt man 12 gestoßene Nelken und 2 Loth Mehl, dann streicht man den Teig Messerrücken dick auf ein Wachs beschmiertes Blattl, backe es in mittlerer Hitze gut aus, schneidet es in fingerlange Streifen, laß es noch im Rohr übertrocknen, nimm es mit einem Messer weg und wickle es schnell über einen Kochlöffelstiel.

Hobelscheiten = Hobelschoaten = Hobelsspäne

Zwetschgen Rolletten

Siede ½ Pfund gedörrte Zwetschgen in Wasser und Wein, löse sie dann aus und schneide sie kurz zusammen; gib in eine Pfanne ½ Pfund Zucker und eine Eierguge voll Wasser, lasse den Zucker solange sieden, bis er sich spinnt, dann gib eine Handvoll gestoßene Mandeln hinein, lasse sie noch eine Weile rösten, gib von einer halben Limone klein geschnittene Schalen, etliche gestoßene Gewürznelken, Limonensaft, den vierten Teil von einem Seitl guten Wein, rühre es ab, backe Eierfladen, streiche die Zwetschgen halb fingerdick auf, rolle sie zusammen, lege es zierlich auf eine Schüssel, gieße etwas Wein, wo die Zwetschgen gesotten haben, darüber und laß sie ½ Stunde zugedeckt auf der Glut dünsten.

Zucker spinnen = das Zuckerwasser so lange kochen bis man davon Fäden ziehen kann.

Eierfladen = Eierkuchen = kleine Pfannkuchen

auf der Glut dünsten = auf dem Ofen garen

Gefüllte Birn

Nimm Birnen, schäle ab, höhle sie aus, so viel du kannst und fülle in selbe die gehackten Birnen und Mandeln, Zimt, Weinbeeren darein, mache ein Blütchen von einer Birn oben darauf, stecke ein Zwicklein für, damit die Fülle nicht heraus kann, mache einen Rahmteig an, tunke die Birn darein, laß es gemach backen in Schmalz und gib es warm her.

Die Birne wird an der Unterseite (Blütchen) aufgeschnitten und ausgehöhlt. Nach dem Füllen mit dem „Blütchen" wieder verschlossen und mit einem langen Holzspieß (Zwicklein) fixiert (wie Liebesapfel).

Rahmteig = dicker Pfannkuchenteig, statt Milch Rahm

Bisquit-Krapfen

8 Loth Zucker werden mit 8 Eigelb recht dick gerührt, dann kommt der Schnee von 8 Eiweiß und 4 Loth Stärkemehl und ebenso viel anderes Mehl hinein. Dann wird eine Eierform (zu Ochsenaugen) mit Butter geschmiert und mit Mehl gestaubt. Mit einen Löffel füllt man die Öffnungen aus, und läßt sie im Rohr backen. Wenn das gebacken ist, dann richtet man die Krapfen ordentlich zusammen, indem man sie rundum abschneidet, aushöhlt, wo dann eine süße Fülle oder Sahneschnee hinein kommt. Zuletzt gibt man einen Chokoladeguß.

Der Bisquit-Krapfen ist unser heutiger Mohrenkopf.

Chokoladeguß

12 Loth Zucker und 12 Loth geriebene Chokolade läßt man im Feuer kochen, während dem man einige Tropfen Wasser hinein gibt, kochte es, so wird es recht fein gerührt und dann darüber gegossen.

Besser: Wasser statt Milch und Puderzucker statt Zucker.

Englischer Kuchen

Man nimmt 6 Eier schwer. Fein gestoßenen Zucker durchgesiebt, ebenso viel Butter, Mehl, Weinbeeren, Rosinen nach Belieben. Die Butter wird schaumig gerührt, dann ein Eidotter und Löffel Zucker und sofort hinein getan bis abwechselnd die 6 Eidotter und aller Zucker beisammen ist. Ganz zuletzt rührt man das Mehl mit den fest geschlagenen Schnee der 6 Eier und die Weinbeeren unter die Masse, dann schmiert man ein Blech mit Butter und bäckt ihn 1 ½ Stunden bei mäßiger Hitze.

Eischwerkuchen = Gewicht der Eier = Gewicht Zucker = Gewicht Butter = Gewicht Mehl

Chocolade Dunst-Creme

8 Loth Chocolade reiben, mit 8 Loth fein gestoßenen Zucker, eine Tasse heißen Wassers am Feuer glatt rühren, 8 Eigelb mit beinahe ½ Liter Rahm anrühren, eine Stange Vanille in der Chocolade recht oft zusammengießen, durch ein feines Sieb passieren, in Bleche, Förmerl füllen und im Dunst fest werden lassen. Dann kalt stellen und mit Hohlhippen zu Tisch bringen.

In die Schokolade das Mark einer aufgeschnittenen Vanillestange geben. Die übriggebliebene Vanilleschote können Sie mit Zucker bestreuen und für selbstgemachten Vanillezucker vorrätig halten.

Käsestangerl

Geschlagener Butterteig wird nochmals mit geriebenen Parmesankäse geschlagen, überlegt und wieder mit Käse zu einer Platte ausgerollt, in dünne Stangen geschnitten und mit Eier bestrichen und mit Käse bestreut, jedoch nur 5 Minuten auf einen geschmierten Blech backen lassen.

Der Blätterteig wird ausgerollt, mit Parmesan gefüllt, die zweite Hälfte Teig darüber geschlagen und wieder dünn ausgerollt.

Auflauf von Chocolade

280 Gramm (1/2 Pfund) Vanille Chocolade werden mit einem Stängelchen Vanille und 15/10 Liter = 1 1/2 Maß Rahm aufgelöst und zusammen ¼ Stunde gekocht. Mit dieser ausgekühlten durchgeseihten Chocolade werden 140 Gramm feines Reismehl. 280 Gramm feiner Zucker glatt abgerührt und hiervon über Kohlenfeuer ein dickes Mus gekocht, welches sodann in einer irdenen Schüssel mit 70 G frischer Butter und dem Gelben von 18

Eiern eine halbe Stunde gerührt wird. ½ Stunde vor dem Anrichten wird das Klar von 18 Eiern zu einem steifen Schnee geschlagen, sehr langsam unter die schaumige Masse vermengt und langsam gebacken. Die Hälfte dieser Masse ist hinreichend für 12 Personen.

Ein Pfund hatte 560 Gramm.

Griesschmarn

Gib in eine Schüssel 4 kleine Schöpflöffel Gries, und diesen etwas salzen, dann siede 1/2 Liter Milch und gib ihn siedend über den Gries, vermengen und zugedeckt 1/2 Stunde stehen lassen. Hernach in einer Reine Schmalz heiß werden lassen. Dann den Teig hinein, auseinanderstreichen, lasse ihn zugedeckt kochen, bis er sich umdrehen läßt und schmarenartig auseinanderfällt mit dem Schauferl. Nicht zu wenig Schmalz nehmen und Zeit lassen, er macht sich sehr gut. Zu diesem Rezept kommt kein Ei.

Gries = Grieß

typische niederbayerische Fastenspeise

Omelette Souffleé

4 Loth Mehl = 68 Gramm Mehl mit etwas Milch in einer Pfanne anrühren, dann 2 Loth Butter = 32 Gramm und 8 Loth Zucker., Citronensaft, zu einem Mus kochen. Dann auskühlen lassen, hernach 6 Dotter allmählich mitrühren, zuletzt den Schnee von 6 Klar in eine gebutterte Auflaufform geben.

Souffleé = Soufflé = Auflauf

Bei mäßiger Hitze backen, mit der Form zu Tische gebracht.

Hausfreund

2 ganze Eier werden mit 125 Gramm Zucker eine halbe Stunde gut verrührt, dann werden 125 Gramm abgezogene, geriebene süße Mandeln unter die Masse gerührt, 125 Gramm geriebene Schokolade, etwas Zimt und gestoßene Nelken beigemischt und zuletzt noch 125 Gramm Mehl zugerührt. Hierauf wird ein Blech mit Wachs bestrichen, die Masse gleichmäßig mit einem Messer etwa 2 cm dick aufgestrichen, in einem mäßig heißen Ofen ¾ bis 1 Stunde mehr getrocknet als gebakken und noch warm in beliebige Streifen geschnitten. Der Teig ist ziemlich fest und streicht sich schwer. Dieses Gebäck ist von unbegrenzter Haltbarkeit und köstlichen Wohlgeschmack, daher auch der Name „Hausfreund“.

Nicht jede Hausfrau hat einen Hausfreund, wenn Sie einen „Hausfreund“ hat.

Kriegsgries-Kuchen

¼ Pfund Butter zergehen lassen, ¾ Pfund Zucker, 2 ganze Eier, Saft und Schale einer Zitrone, etwas Cardamon, Salz, 2 Pfund Weizengrieß, 2 Backpulver, ½ Liter Milch oder Wasser (Wasser genügt vollständig) 1 ¼ Stunde backen. Nach dem Erkalten folgende Chocoladeguß: 120 Gramm Zucker mit 6 Eßlöffel Wasser klar kochen, dann 20 Gramm Butter hinzu und vom Feuer nehmen, nicht mehr kochen lassen und 150 Gramm Chocolade und 2 Teelöffel Cacao. Cacao und Chocolade dürfen nicht mehr kochen, weil sie sonst den Glanz verlieren.

Wie Sie sehen, kommt nach dem „Hausfreund“ der „Kriegsgrieskuchen“.

Dessert

Desserts sind Torten, Kleingebäck und saftige Kuchen.

Torte à la Wambold

½ Pfund = ¼ Kilo Butter, ½ Pfund = ¼ Kilo geschmolzene Chocolade wird zusammengerührt auch ½ Pfund = ¼ Kilo feinen Zucker, ¼ Stunde lang gerührt. Dann 10 Eigelb eins noch dem anderen ¼ Pfund = 1/8 Kilo abgezogene fein gewiegte Mandeln, dann den Schnee von 8 Eiern, 3 Blätter auf Papier oder auf gleichen Blechen gebacken mit Kirschen oder Weichseln gefüllt, aufeinander gesetzt und mit Chocolade-Glacur überzogen; 8-10 Loth Schocolade, ½ Pfund =1/4 Kilo Staubzucker.

Aus der obigen Masse werden drei gleichgroße Böden gebacken, die nach dem Erkalten mit eingemachten Kirschen, Weichseln schichtweise belegt werden. Der oberste Boden wird mit folgender Schokoladenglasur überzogen: in die geschmolzene Schokolade wird der Puderzucker eingerührt.

Dutten mit Rahmschnee

2 Eier schwer Zucker wird mit 2 Eier gerührt, recht dick, dann kommt 2 Eier schwer Mehl hinein; dann schmiert man ein langes Blech, streicht den Teig darauf der im heißen Rohr hellgelb gebacken worden ist, nur einige Minuten. Dann nimmt man einen runden Ausstecher, und wickelt dann die runde Fläche leicht über den Finger zu einer Dutte. Denn Schlagrahm macht man aus sehr gutem Obers mit einem Schnee- oder auch Strohbesen. Man kann auch Vanille darunter tun, oder kann den Rahm mit Chocolade färben oder mit durchpassierten Erdbeeren.

Dutten = weibliche Brust

Die Dutten werden dann mit der Sahne bestrichen und mit Kirschen verziert.

Torte à la Biberich

8 Loth = 1/8 Kilo Butter wird mit 5 Dotter schaumig gerührt, mit 4 Loth = 1/16 Kilo gesiebten Zukker, und 4 Loth Mehl das Ganze vermengt. Hiervon werden linienhohe Blätter (messerrückendick) auf ein rundes Blech geteilt und mit leicht gelber Farbe gebacken. Mittlerweile wird ein Mehlköchel von 2 Eßlöffel Mehl, 3 Eigelbe und ein Quart süßen Rahm gefertigt und kalt gerührt, wobei man ½ Pfund Erdbeeren mit Zucker bereitet, mitverrührt, sofort mit ½ Maß geschlagenen Rahm, Vorgenanntes vermengt, und so mit dieser Masse die bereiteten Blätter. 4 bis 5 Linien in der Höhe bestreichen und so nach zusammengesetzt, der obere Teil der Torte wird ebenso bestrichen und mit etwas geschlagenen Rahm spritzt, jedes Stück eigens, und dann mit schönen frischen Erdbeeren

garniert. Man handelt besser, wenn man die Torte schneidet, ehe man sie spritzt und garniert. Man stanzt die Masse sehr dünn auf. Gespritzt wird die Torte mit einer Papiertüte.

Bei der „Biberich-Torte“ werden wie bei einer „Prinzregententorte“ messerrückendicke Böden gebacken, die dann gefüllt, vier bis fünf übereinandergesetzt, vor dem Garnieren bereits in Stücke geschnitten und dann verziert werden.

Torte à la Richelieu

Von 24 Loth. Mehl, 18 Loth Butter und 6 Lth Zukker macht man einen Breselteig an, den man hierauf 2 bis 3 Linien stark ausrollt und ungefähr 2 Zoll breite Reife davon aussticht. Diese Reife werden auf Bleche geordnet und in einem kühlen Ofen leicht gelb gebacken. Nach dem Backen werden die selben mit einem gemischten eingesottenen oder frischen Früchten zusammengeschnitten. Welches mit Aprikosenmarmelade und dicken Zuckersaft gemischt ist, gefüllt. Nachdem die Torte sorgfältig garniert ist, wird sie mit frischen Früchten und Eiklar-Glasur sorgfältig dekoriert, und mit einem mit Vanillezucker gewürzten Oberschaum zu Tisch gebracht.

Torte à la Richelieu = Törtchen = Tartellettes

Diese Böden mit ca. 5 cm Durchmesser werden nach dem Backen im kühlen, d.h. nicht zu heißen Ofen (150 Grad) gebacken und mit frischen Früchten oder diversen Marmeladen gefüllt, zwei oder drei Böden übereinandergesetzt.

Eiklar-Glasur = Eiweiß wird mit soviel Puderzucker verrührt, daß es spritz-, streich- oder garnierfähig wird; trocknet nach kurzer Zeit an, wird für feine Garnierarbeiten verwendet.

Wie dem Gästebuch zu entnehmen ist, logierte der Herzog Richelieu aus Paris zeitgleich mit Kaiserin Sissi am 9. September 1862 im „Wilden Mann“.

Gelbe-Rübentorte

185 Gramm Zucker werden mit 4 Eidotter schaumig gerührt, 200 Gramm rohe geriebene gelbe Rüben werden damit 1/4 Stunde gerührt, dann gibt man 200 Gramm abgeschälte geriebene Mandeln, 1 Eßlöffel Rum, 1 Eßlöffel Kartoffelmehl, 1 Messerspitze Zimt und zuletzt den Schnee der Eier dazu. Füllt die Masse in eine mit Butter bestrichene, mit Bresel bestreute Tortenform, backt sie bei mäßiger Hitze und gibt einen Arrak-Guß dran.

Die Gelbe-Rübentorte muß knapp zwei Stunden gebacken werden; sie erinnert an Marzipan.

Mandel- oder Kaisertorte

12 Loth Zucker mit 12 Loth Eigelb schaumig gerührt, dann 9 Loth fein gestoßene geschälte Mandeln darunter gerührt, dann von 8 Eiweiß den Schnee, dann die Hälfte davon in eine Tortenmodel und die andere Hälfte mit 12 Loth geriebener Chocolade, auch in ein Tortenblech und langsam kochen lassen.

Das Tortenmodel (Springform etc.) mit dem Teig 45 Minuten bei 150 Grad backen, aus dem Rest wird der Überzug der Torte zubereitet. Statt Mandeln haben wir auch Haselnüsse genommen.

Süßer Rehrücken

14 Deka Chocolade erweicht, werden mit 14 Deka Butter schaumig gerührt, 6 Dotter, 14 Deka Zucker kommen nacheinander dazu. 14 Deka Mandeln fein geschnitten und 7 Deka Bresel mit Rum befeuchtet, 6 Klar Schnee, alles mitsammen darunter

gerührt. Dann kommt es in das Feuer und wird gebacken. Wenn es ausgekühlt ist, kommt Chocoladenguß dazu.
Deka = 10 Gramm
Mit weißen, gestifteten Mandeln wird der Rehrücken noch gespickt.

Kartoffeltorte
3/4 Pfund gesottene und gerieben Kartoffel, 1/2 Pfund Zucker, 7 ganze Eier, 7 Dotter, 1/4 Pfund gestoßene Mandeln, 1 Stunde, von 1 Citrone die Schale und den Saft, füllt den Teig in einen Springreif, den man vorher mit Butter und Zucker bestreut und langsam backen lassen.
Springreif = Springform

Sachertorte
120 (180) Gramm Butter, 140 (170) Gramm Zukker, 150 (180) Gramm Chocolade, 90 (130) Gramm. Mehl, 4 (6) Eier. 1 halber Teelöffel Backpulver. Die Butter wird sehr schaumig gerührt, dann abwechselnd Dotter und Zucker beigegeben, die Chocolade läßt man auf einem Blech im Rohr ganz weich werden. Dann bröckelt man sie in die Masse und rührt so lange bis alles glatt ist und man keine Chocoladenbreselchen mehr sieht. Dann gibt man Mehl und Backpulver dazu, zuletzt den Schnee von 2 Eiklar und bäckt die Masse bei mäßiger Hitze ca. 3/4 Stunde in gebutterter oder gezuckerter Rundform. Nach Belieben schneidet man die ausgekühlte Torte in 2 oder 3 Teile und füllt sie mit folgender Fülle: 120 Gramm Butter, 100 Gramm Zucker werden tüchtig mit 120 Gramm weich gemachter Chocolade verrührt.

Diese Masse muß sehr fest sein. Zum Guß: Mehr Zucker als Chocolade und sehr lange kochen lassen.
Klassische Sachertorte. Zur Fülle wird die Torte zwei- oder dreimal durchgeschnitten. Die Größe oder Höhe der Torte (siehe zwei Rezepturen) bestimmen Sie durch die Wahl der Kuchenform.

Kastanienkuchen
Ein Pfund Kastanien wird im Wasser weichgesotten, die Schale abgelöst, dann die Kastanien durch ein Sieb passiert. Dann rührt man 12 Loth = 204 Gramm Butter ab, dann 204 Gramm Zucker, 9 Dotter (einen nach dem anderen), 4 Loth = 68 Gramm geschälte und gewiegte Mandeln, etwas Vanille, dann das Kastanienmehl und am Schluß den Schnee von 9 Klar recht leicht daruntermengen. Dann in eine gebutterte und gezuckerte Reifspringform geben und 3/4 Stunde backen lassen. Von den Kastanien lasse man 6 ganze weg, damit man sie zur Garnierung verwenden kann; diese müssen aber zuerst kandiert werden.
Kastanien = Maronen
kandieren = mit einer Zuckerlösung durchtränken

Kastanientorte
500 Gramm Kastanien, 6 Eier, 310 Gramm Zukker, ½-1 Liter Milch, Vanille, etwas Schlagrahm. Die Kastanien (mit Schale 1 ½ Pfund) werden geschält, in Milch weichgekocht und durch das Haarsieb gestrichen. Dotter und Zucker rührt man schaumig, gibt die Kastanienmasse, Vanille und Schnee bei und backt es eine Stunde. Wird eventuell mit Schlagrahm gefüllt und mit Schlagrahm und Kastanienmasse verziert, die man aus dem

durchlöcherten Model der Straubenspritze spritzt.
Zum Schälen werden die Kastanien vorher eingeritzt, im heißen Rohr oder auf dem Rost solange gebraten bis sie aufplatzen, dann warm geschält. Der Geschmack ist dadurch viel intensiver als bei gekochten Kastanien.
durchlöchertes Model der Straubenspritze = Spritzsack mit diverser Tülle

Sulzen

Sulzen sind hier süße, farbige meist mit Hausenblase gebundene Süßspeisen. Gefrorenes (Speiseeis) wird im Sommer in den Menüs gereicht. Gefrorenes sulzt durch Kälte, braucht nie Sulz- oder Geliermittel.

Blamasche Sulz

1 Pfund gestoßene Mandeln, 1 Maß Obers, ½ Pfund Zucker, etwas Vanille und Zimt, laß es unter beständigem Rühren mit einem Silberlöffel, ¼ Stunde kochen, 1 Loth aufgelöste Hausenblase hinein, laß es nochmal aufsieden. Dann laß es durch ein Tuch laufen und sulzen.
Blamasche = Blancmanger = gesulzte Mandelmilch

Punsch Sulz

Man gibt in eine Pfanne, 1 Maß weißen Wein, 2 große Stücke Zucker, laß es sieden, gib 2 Loth aufgelöste Hausenblase hinein, läutere es mit Schnee, dann laß es durchlaufen und gib ½ Seidel Arrak hinein und Zitronensaft.
Sie können auch Rotwein verwenden. Vergessen Sie hier nicht die typischen Punschgewürze.

Veilchen Sulz

Auf 2 Loth Hausenblase, 2 Loth blaue Veilchenblätter, ¾ Pfund Zucker, die Veilchenblätter werden mit einer Maß siedenem Wasser angebrüht, bleiben über Nacht stehen, der Zucker wird mit 4 Löffelvoll Wasser geläutert, dann die aufgelöste Hausenblase hinein, unterdessen dann den Zukker nebst der Hausenblase in das Veilchenwasser, dann durchlaufen und sulzen.

Kaffee Sulz

1 ½ Loth Hausenblase lößt man in 5 Kaffeelöffel voll Wasser auf, bis es ½ Kaffeetasse voll ist, dann koche 5 Loth Kaffee in 1 ½ Seidel Wasser, lasse ihn so einlaufen, bis er, wenn er abgestanden ist und durchgeseiht ist, nur 1 Obertasse ¾ Teil voll ist, gib dann beides mit 12 Loth gestoßenem Zukker in eine Schüssel und rühre es untereinander, von ½ Maß süßen Rahm, schlage Schnee und gib ihn darunter. Tauche den Model ins Wasser, fülle es ein und sulzen.

Mandel Sulz

1 Maß süßen Rahm, 1 Stück Vanille, ½ Pfund Zukker, ¼ Pfund gestoßene Mandeln mit Milch, während des Stoßens anfeuchten, ¼ Stunde unter beständigen Rühren kochen, 1 Loth Hausenblase hinein, dann durch ein Tuch seihen, hernach auskühlen und in drei gleiche Teile füllen, 1 Teil mit geriebenen Schokolad färben, 1 Teil mit Alkermessaft schön rosa vermengt.

Zum Färben nehmen Sie statt Alkermessaft Himbeersirup, Heidelbeersaft, Erdbeermark usw.

Himbeer Sulz

Man nimmt 1 Pfund reife Himbeeren, drückt den Saft davon aus und von 4 Limonen den Saft darein, läßt es in einem Topf zugedeckt stehen, dann 28 Loth Zucker in eine messingerne Pfanne, eine halbe Wasser davon, läßt ihn sieden, bis er schwere Tropfen wirft, dann 2 Loth Hausenblase hinein, läßt es noch aufsieden und gießt ihn siedend an den Saft, läßt es eine Zeitlang stehen, dann laß es durchlaufen, ebenso wird auch die Johannisbeer- und Weichselsulz gemacht, wenn man keinen Wein nehmen will.

Obige Sulzen sind sehr eigenwillig, entsprachen aber dem Geschmack des 19. Jahrhunderts. Das ideale Sulzmittel ist die Hausenblase, kann aber auch durch Blattgelatine ersetzt werden.

Reis-Pudding à la Gregor

5 Loth Reis mit 2 ½ Loth Butter rösten, dann ein gutes Quart Milch daran gießen und so lang kochen lassen, bis sich die Masse vom Kasserolle ablöst. Dann wird es kalt gestellt. 2 ½ Loth Butter einiger Körnchen Salz, 4 Loth Zucker, 1 ganzes Ei und 3 Eidotter und von diesen 3 Eiern den Schnee dazu gerührt. Die Form wird mit Butter bestrichen, mit feinen Breseln bestreut, und der Pudding ¾ Stunden gekocht.

rösten = hier: anschwitzen

Dona-Maria-Pudding

8 Loth geschälte und geriebene Mandeln werden mit 8 Loth gestoßenen Zucker schön goldgelb kandiert, dann in einer Schüssel mit 8 Dotter pflaumig

gerührt, Vanille- oder Orangengeruch dazu gegeben und mit den 8 Klar steifen Schnee leicht vermengen. In einer Form mit Dunst geben. Man gibt gerne Wein- oder Früchtesaucen dazu.

Um einen Vanille- oder Orangengeruch zu erreichen, wurde die Schale mit einem Reibeisen oder mit Würfelzucker abgerieben.

Gefrorenes zu machen

Man läßt eine Maß Milch (besser Rahm) mit ½ Pfund Zucker und 1 Stange Vanille 20 bis 25 Minuten kochen und fricassiert sie dann mit 8 Eigelb. Ferner seiht man diese Masse durch ein Tuch oder Haarsieb, gibt sie in die Büchse und stellt sie auf Schnee oder Eis, in Ermangelung einer Büchse, kann man auch einen irdernen Topf nehmen und ihn mit einem Deckel schließen. Ist das Ganze kalt und will man das Eis machen so stellt man den Topf in einen Scheffel, welches mit gehackten Eis gefüllt ist. Das Eis muß man gehörig salzen, 3 Hände voll.

Scheffel = Holzbottich

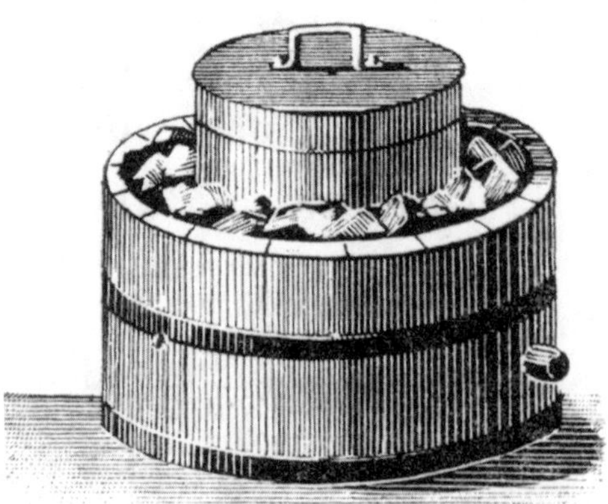

Vanille Gefrorenes

7 Loth Zucker und 6 Eigelb werden recht dick gerührt, dann wird am Feuer 1/2 Liter Rahm und einige Vanillestangen gekocht, dann kommt dieses in die Schüssel hinein in der die Eier und der Zucker gerührt worden sind. Dann kommt es wieder in das Casserol, wo es gekocht hat und dann wird es durchpassiert in eine Schüssel, und so lange gerührt bis es kalt ist. Dann kommt es in die gefrorene Büchse und wird so lange getrieben, bis es gefroren ist. Man füllt es außen mit Eis und rotem Salz aus.

Mit obigem Rezept können Sie unter Zugabe von 100 Gramm Nüssen oder Mandeln oder Schokolade die entsprechenden Eissorten herstellen.

Cafeeis

1/4 Liter starken Kaffee, 1/4 Liter Rahm, 1/2 Liter Milch, 2 Eier, 6-8 Dotter, 300 Gramm Zucker. Eiskaffee und Eischokolade. Fertig gekochte Chokolade oder Kaffee gibt man Vanille und Zucker und stellt in einem Porzellangefäß mit Deckel in Eis und Hirschsalz und läßt es 3-4 Stunden gefrieren. Circa 1/2 Stunde rührt man mit silbernem Löffel um. Wird in breiten Gläsern mit Schlagrahm serviert.

Erdbeereis mit Rahm

1 Pfund Walderdbeeren, 3/4 Pfund Zucker, 1/2 Liter süßer Rahm. Die Walderdbeeren werden durchgepreßt, mit Zucker und Rahm durchmischt und in die Gefrierbüchse gegeben.

Statt Walderdbeeren kann man auch Gartenerdbeeren, Himbeeren, Brombeeren und Blaubeeren nehmen. Ein Eisklassiker, der heute durch das Fruchteis abgelöst wurde.

Landbayrischer Pudding

12 Loth Butter, 10 Dotter pflaumig rühren, nebst 8 Loth Zucker. 8 Loth feine Mandeln, 1 Loth geriebenes Schwarzbrot, viel Zimtgewürz, Zitronengeruch, die Klar zu Schnee. Im Dunst 1 Stunde lang gekocht.

Nach dem Erkalten stürzen und auf Fruchtsauce servieren.

Zitronenpudding

8 Loth Butter, 8 Loth Zucker, von 1 Zitrone den Saft und 6 Dotter werden am Feuer gerührt bis es kocht, dann schnell in einer Schüssel unter beständigem Abrühren auskühlen lassen, dann mit dem steifen Schnee von 6 Klar, 2 Loth Stärkemehl vermengen. In eine Puddingform und im Dunst oder ins Rohr mit Wasser gefüllten Tiegel eine kleine Stunde kochen lassen.

kochen = hier: höchstens auf 80 Grad erhitzen

Aprikosenauflauf

80 Gramm schaumig gerührter Butter wird mit 5 Dottern, ½ Pfund Zucker, 60 Gramm geriebene Mandeln und 140 Gramm Aprikosenmarmelade (aus entkernten Aprikosen mit wenig Wasser gekocht und durchs Sieb gerührt), 3 in Milch geweichten Semmeln und dem Schnee von 4 Eiern gut verrühren und in der Auflaufform 1 Stunde gebacken.

Es eignet sich hier auch anderes Kernobst.

Mandelkaltschale

100 Gramm süße und 2 Stück bittere Mandeln werden abgezogen, gerieben, in kochende Milch gegeben, in der man sie 1 Stunde ziehen läßt. Dann gießt man die Milch durch ein Tuch, rührt 2-3 Dotter daran und stellt sie kalt. Dann schlägt man

sehr starken Schnee, süßt ihn mit Zucker und Vanille und legt darum beim Anrichten mit einem Löffel kleine Eier an die Mandelmilch.

In den Sommermonaten wurden Kaltschalen im Menü auch statt Suppen gereicht. Von dem fest geschlagenen Schnee sticht man kleine Eiernockerl als Garnierung in die Kaltschale.

Erdbeerkaltschale

Von 2 Pfund Erdbeeren (Gartenerdbeeren dürfen nicht zu groß sein) sucht man 150Gramm der schönsten aus und stellt sie beiseite kühl. Die anderen streicht man durch ein Sieb, vermischt sie mit 1 1/2 Pfund Zucker, 2 Flaschen Weißwein, 1/3 Liter Wasser, ebenso Zitronensaft und stellt sie in einer Glasschale auf Eis. 1 Stunde vor dem Anrichten mischt man die zurückbehaltenen Beeren mit Zucker und schüttet sie vor dem Servieren mit ihrem Saft in die Kaltschale, zu der man mürbes Gebäck oder Zwieback gibt.

Rote Apfelspeise

1 Pfund Kochäpfel, 2 Eßlöffel Zitronenzucker, 2 Eßlöffel Orangenzucker, 2-3 Eßlöffel Zitronensaft, 2-3 Eßlöffel Orangensaft, 10 Blätter rote Gelatine, 125 g. Zucker, etwas Arrak, 5/8 Liter Wasser. Die Äpfel werden mit Kernhaus und Schale in Scheiben geschnitten und mit 5/8 Liter Wasser weich gekocht; dann durch ein Sieb gestrichen, durch das Sieb die aufgelöste Gelatine und Zitronen- und Orangensaft. Dann wird der Zucker beigegeben, die Masse 3/4 Liter abgeschmeckt und in einer Form in Eis oder Schnee eingegraben. Nach 2 Stunden gestürzt und serviert.

Schalotrüß von München

Eine blecherne, runde Form mit Papier auslegen, dann mit Bisquit, die man rosa und weiß glasiert und am Boden eine schöne Verzierung machen, dann mache man das Schalotrüß. Ein Quart Rahm zum Schnee schlagen, drei Loth Zucker mit Vanillegeschmack hinein, sechs Blätter Gelatine hinein, die zuvor in ein wenig heißen Wasser aufgelöst werden. Abgekühlt hinein geben und zugleich in die Form geben und kalt oder auf Eis stellen. Am anderen Tag gestürzt zur Tafel geben. Im Fall kann man auch ein paar Eierschnee dazugeben.

Schalotrüß = Charlotte Russe = Creme mit Bisquit

Teecreme

1/2 Liter Rahm und 1/2 Liter Milch wird mit 1-2 Eßlöffeln Zucker gekocht. Dann gibt man 4 knappe Eßlöffel Tee hinein, läßt ihn auf heißer Stelle ein Weilchen ziehen (nicht kochen) und gießt die Milch durch ein Sieb. Dann vermengt man sie mit 10 Dottern, schlägt am Feuer eine dicke Creme, nimmt sie vom Feuer weg und mischt unter beständigem Schlagen 24-30 Gramm Gelatine darunter. Dann füllt man die Creme in eine Glasschale und stellt sie aufs Eis.

Nehmen Sie 12 bis 15 Blatt eingeweichte Gelatine.

Wein Schoto

Man nimmt auf 2 Eierdötter 4 Eiergugen voll Wein, Zucker, daß es süß genug wird und eine lange Zitronenschale bei der Glut, bis es dick ist.

Eingesottenes

Ribisel einzusieden

Man nimmt schöne reife Ribiseln und zupft sie von den Stängeln, dann wird Zucker mit einem Glas Wasser so lang gekocht und abgeschäumt, bis er ganz rein ist, dann gibt man 1 Pfund Ribiseln darein, läßt es eine halbe Stunden kochen, nimm sie dann mit einem Backlöffel heraus, läßt den Saft noch kochen, bis er sich sulzt, gibt die Ribiseln nochmal hinein, läßt sie noch einmal aufsieden, dann nimm sie vom Feuer weg, laß sie abkühlen, dann fülle es in die dazu bestimmten Gläser, binde ein Papier darüber und stoppe mit einer Nadel Löcher hinein.

stoppe = hier: steche

Kirschen einzusieden

Man nimmt schön schwarze Kirschen, gibt sie in eine neue Rein, welche vorher ausgebrannt wird und stellt sie auf schwaches Kohlenfeuer, läßt sie weich dünsten, dann treibt man es durch ein Sieb, die Körner müßen zurückbleiben, dann wird ein Pfund Zucker mit einem Glas Wasser gekocht und immer abgeschaumt, bis er ganz rein ist, dann gibt man die Kirschen hinein und kocht sie langsam fort.

ausgebrannt = hier: stark erhitzen

Quittendest zu machen

Man schneidet Quitten auseinander und das Steinige heraus, dann richtet man sie in einem Hafen fest zusammen und siedet sie mit Wasser recht weich, dann nimmt man Maschanzgeräpfel und macht es ebenso. Wenn beide Teile gesotten sind, so treibt man sie durch ein Sieb, dann nimmt man auf ½ Pfund Quitten und ½ Pfund Äpfel, 1 Pfund Zucker und läßt es unter beständigem Rühren auf einem Kohlefeuer sieden, von ½ Limoni Schalen dazu und zuletzt ehe es ganz ausgesotten ist von der Limoni den Saft, dann auskühlen lassen und in Schächterl oder in Mödel gedrückt.

Schächterl = Form

Mödel = Model

Zwetschgen-Marmelade

6 Pfund völlig reife, von Haut und Steinen befreite Zwetschgen, 2 Pfund Zucker, 1/8 Liter Weinessig, ganzer Zimt, Nelken, die Köpfchen davon entfernen. Die Zwetschgen werden abgezogen und entsteint, dann koche man den Zucker mit dem Essig klar, gebe Zwetschgen, Nelken, Zimt hinzu, koche die Zwetschgen, da das Mus sehr leicht ansetzt, unter stetem aufmerksamen Rühren 2 bis 2 ½ Stunden oder so lange, bis keine festen Teile mehr zu sehen sind und die Marmelade ganz kalt geworden ist. Einige Stückchen Ingwer mit den Zwetschgen gekocht und eingefüllt, dient zum Erhalten, auch ist das Mus nach 8-14 Tagen noch 1/2 Stunde nachzukochen. Bis dahin darf der Topf jedoch nicht offen stehen. Übrigens versäume man nicht, die Marmelade mit einem mit Arrak oder Franz-

branntwein getränkten Papier zu bedecken und gut, am besten mit Blase zuzubinden.

Dieses klassische Marmeladenrezept ist bei uns auch unter dem Namen „Powidl“ bekannt. Zur noch längeren Haltbarkeit wurde Eingesottenes mit gereinigter Schweinsblase („Saubloadern“) zugebunden.

Bittere englische Orangenmarmelade

12 bittere Orangen, 3 Zitronen, 6 süße Orangen, auf ein Pfund Brei ein Pfund Zucker. Orangen und Zitronen in Scheiben schneiden, die Kerne weg, dann wiegen. Auf ein Pfund Frucht gießt man 5/4 Liter Wasser, dies 24 Stunden stehen lassen, dann 3/4 Stunden kochen, bis die Schalen weich sind, dann wieder 24 Stunden stehen lassen. Dann auf ein Pfund Brei ein Pfund Zucker geben und kochen bis es geliert, ca. 1 1/2 Stunden, braucht nicht ganz steif zu sein. Genau machen.

Glossarium

abnehmen = abhängen
abgeklöpfelt = verquirlt
abmachen = vermischen
abgesiehen = abseihen
absprudeln = verquirlen, verrühren
abtreiben = schaumig rühren
Alkermessaft = Saft aus trächtigen Weibchen der Kermesschildlaus
anlaufen = anschwitzen, farblos anschwitzen
Aspik = Sulz, Gelee
auf der Glut dünsten = auf dem Ofen garen
aufkochen = anbraten
ausgebrannt = stark erhitzen
auslassen = in Form oder auf Blech gießen
ausmachen = ausstechen
bähen = Trocknen und Rösten von Brot
Bäuschl = Beuscherl = Lüngerl
bardieren = mit Speck umwickeln, vor allem bei Wildgeflügel
Beck = feuerfeste Form
Beinen = Knochen
Beischel = Lunge
berieseln = bestreuen
besähen = bestreuen
Bertram-Essig = Estragon Essig
Bib = Biber
bicken = picken = (zusammen)kleben
Bisgoten = Biskotte = Löffelbisquit
Blattern = Blasen
blätterweise = dünn schneiden
blanschieren = blanchieren = kurz aufkochen, ab- oder über brühen
Blattl = Blech, Backblech
Bori = Poree = Lauch
Brätzerl = Fuß
Brandnüsse = nußgroßes Brandteiggebäck
braune Einbrenn = 1 Teil Fett, 1 Teil Mehl, mit Zucker braun rösten

Bresel = Brösel
Breselknödel = 1 Teil Butter, 1 Teil Eier, 1 Teil Brösel
Bröckl = „gebrochene“ Stückchen
Brotherzchen = in Herzform ausgestochen Brotscheibe
Brücken = Paprika
Brünnellen = Prünellen =frz. Prune = Pflaume (gesprochen Prünn), gedörrte Früchte, Backobst
Bügel = bei kleineren, vierfüssigen Tieren die Vorderschenkel, bei Geflügel die Haxerl
Butterteig = Blätterteig
Butzen = Kernhaus
Charlotten = Schalotten = kleine Zwiebel
Croquetten = Kroketten
Dampfl = Hefevorteig, Hefe, Milch, Mehl
Dest = dickes Mus
dressieren = Spritzen (mit dem „Dressiersack“) von Teigen, Massen oder Cremes, auch: eine bestimmte Form geben
Dunst = kochendes Wasserbad
Dutten = weibliche Brust
Eierfladen = Eierkuchen = kleine Pfannkuchen
Eierkuchenpfanne = Pfanne mit dickem Boden
Eierweiß = Eiweiß mit Puderzucker dicklich verrühren, dient als weiße Glasur für Kuchen und Gebäck
Einbrenn = Mehlschwitze, hell oder dunkel
einbreseln = panieren
Eingerührtes = verquirltes Eigelb
Ein-Kreuzer-Semmel = ca. 50 Gramm schwere Semmel
Eingekochtes = Eingewecktes
Eingesottenes = Marmelade
Englische Kartoffeln = speckige Kartoffeln, gekocht
Essenz = kräftige Suppe
Essigsäure = mit Essig säuern
Fasch = Farce = oder Feingehacktes von Fleisch, Geflügel, Fisch und Wild; wird auch zum Füllen verwendet
Farce = Füllung
farcierter Schweinskopf = gefüllter Schweinskopf
fein kochen = langsam kochen
Fetten = Fett

Fischwanne = Gefäß zum Garen von Fisch
Fond = Grundbrühe für Suppen und Saucen
Fridattenfleckerl = kleine Pfannkuchen = Crepes
Fridattensuppe = Pfannkuchensuppe
Frikando = Fricandeau = gespickte Stücke Fleisch aus einem Schlegel; heute: Unterschale
füttern = eine Form ausbetten, auslegen
gebraten als Garnitur (Croutons)
gebackene Erbsensup = Backerbsensuppe
gebehtes Brot = gebähtes , geröstetes Brot
gehörig = wie es sich gehört
gekraust gespickt = mit Speckstreifen durchgezogen
Germ = Hefe
geselchte oder grüne Zunge = geräucherte oder rohe Zunge
geweigt = aufgeweicht, eingeweicht
gepfatzt = pfärzen = in Fett oder Schmalz rösten
Geselchtes = Geräuchertes
gesotten = gekocht
gesottene Milch = gekochte Milch
gesottener Dotter = gekochtes Eigelb
gesulzter Saft = Sirup
glasieren = glacieren = überglänzen von Speisen (z. B. Braten oder Gemüse)
Golatsche = Kolatsche = Germmehlspeise, kleiner gefüllter Hefekuchen
Grem = Creme
Gries = Grieß
grillieren = am Grill oder Rost braten
grüner Speck = roher Speck
Gugen = Gugken = Maß von einer halben Eierschale
Halbe = halber Liter
Häring = Hering
Häubl = Häupl = Häuptel = Kopf vom Gemüse
Hobelscheiten = Hobelschoaten = Hobelsspäne
in der Feste recht werden = nicht zu hart und nicht zu weich
Imbeer = Ingwer
Indian = Truthahn, Puter
Jus = Bratensaft

Italienische Minister Sup= Minestrone
Kälberfüßstand = Fond von gekochten Kälberfüßen
Kafiol = Karfiol = Blumenkohl
Kaiserstock = Kaiserpudding
kalten Eidotter zertreiben = gekochtes Eigelb fein hacken
kandieren = mit einer Zuckerlösung durchtränken
karamelisieren = schmelzen und bräunen mit erhitztem Zucker
Karbonadenreine = Pfanne oder Reine mit dickem Boden
Kapaun = kastrierter Gockel
Karbonade = Rippenstückchen
Karmandel = Krapferl = Pflanzerl
Kartusch = vermutlich die Bezeichnung für einen Überzug
Kasserolle = niederer Kochtopf, flacher Topf mit Deckel
Kastanien = Maronen
Kindsmus = siehe Rezept Seite 86
Kitten = Quitten
Klar = Eiweiß
Klar zu Schnee = Eiweiß zu Schnee schlagen
Koch = Eingekochtes, wie Apfelkoch und Hollerkoch
Kohlraben = Kohlrabi
Konfekt = Sammelbegriff für feine Süßspeisen
Kranawittbeeren = Wacholderbeeren
Kräutl = Küchenkräuter, Kräuterbündel
kurze Soß = kräftig, wenig Sauce
legieren = mit Sahne und Eigelb binden
Lober = Lorbeer
Lungenbraten = Filet, heute noch in Österreich gebräuchli cher Ausdruck
Lungenkrapferl = Maultaschen mit Lunge gefüllt
Mandlsup = Mandelsuppe
Marocheln = Morcheln
Marschallen = viereckige Stückchen
Maschanzgeräpfel = Marschanzeräpfel = Borstorfer Äpfel
Maurachen = Morcheln
Meridon = Auflauf, warme Platte
Milchner = „Kaviar“ vom männlichen Fisch
Model = Kastenform, Pastetenform
Mundmehl = feinste Art Mehl

Neugewürz = Gewürzkörner: Piment
Nöckerl = Nockerl
Obers = süße Sahne, süßer Rahm
Ochsengaum = Ochsengaumen
Ordinär Mehl = dunkles (Roggen-) Mehl
Parferl = Bauchhaut
Paßkanat = vermutlich Pastinaken = große Petersilienwurzel
Pastinaken = große Petersilienwurzel
pecken = picken
pfärzen = in Fett oder Schmalz rösten
pfatzen = anrösten
pfetzen = rösten
pflaumig = flaumig = schaumig
Plättchen abschneiden = Deckel abschneiden
pochieren = unter dem Siedepunkt garen; im Wasserbad garen
Polster = Kopfkissenüberzug, Leintuch
Pomeranzen = Bitterorangen
Pomeranzenzelten = Bitterorangenbrot oder -kuchen
Pries = Bries = Wachstumsdrüse
Priese = Bries
Provanzer Öl = vermutlich Olivenöl aus der Provence
Radl = Scheibe
Rahmteig = dicker Pfannkuchenteig statt Milchrahm
Ramerl = knusprig braun angebratene Kruste
Rein = längliche Back- und Bratform
Reindl = kleine Rein
Ribisel = Johannesbeeren
rinderne Zunge = Rinderzunge
Rolletten = zusammengerollter Pfannkuchen
Rutten = Fische
Sadeln = Sardellen
sämig = seimig = dickflüssig
Salmi = Salmis = Ragout vom Wildgeflügel
Schalotten = kleine Zwiebeln
Schalotrüß = Charlotte Russe = Creme mit Bisquit
Scheffel = Holzbottich
Schirsuppe = klare braune Brühe
Schmänkelein = Schmankerl = Kruste

Schmolle = entrindetes Weißbrot
Schnepfen mit Koth = Schnepfendreck = gereinigte Därme
Schoto = Chaudeau = Schaumsauce
Schühsuppe (alte Schreibweise) = Jussuppe = brauner Fond = Grundbrühe
schrepfen = Haut abziehen
Schwammodl = Schwammerlform
Schwämme = Schwammerl = Pilze
Schweiferl = Schwanz
schweln = schwelgen
Seekrebs = Hummer
Seitl = Seidel
Soufflé = Auflauf
spicken = mit Speckstreifen durchziehen
Springreif = Springform
sprudeln = quirlen
Spreu = Holzstift, Zahnstocher
stäuben = etwas Mehl fein dazugeben
Stand = Brühe, in der etwas gekocht wird
Stanitzel oder Stanitzchen = trichterförmig zusammengerollte Schmankerl, spitze Tüte
Stockfisch = getrockneter Fisch
Stock = Gestocktes
stoppen = stechen
stoßen = (fein) zerkleinern
Straube = Spritzgebäck, schmalzgebackenes
Stritzel = Striezel = längliche oder geflochtene Gebäckart
Stritzl = kleine Teigrolle
Sup = Suppe, selbständig oder zum Aufgießen
Timballe = Timbale = Becherform gegart
transchieren = tranchieren = zerlegen
Trichter = Spritzbeutel
überkühlen = abkühlen
überlegt = belegt
überschwemmig = leicht bedeckt
unter Glut = ins Backrohr
verlorenes Ei = pochiertes Ei = rohes Ei im Essigwasser wachsweich gegart

verlorener Speck = roher Speck
von ferne kochen = von der Hauptbrennstelle etwas weiter weg, d.h. bei geringer Hitzezufuhr
Walger = Walker = Nudelholz
walgen = walken = rollen
Wandl = Form = z. B. Schöberlform, Backformen mit Mulden in Portionsgröße
Weidling = irdenes Haferl, Rührschüssel
Werschig = Wirsching
wiegen = mit dem Wiegemesser klein machen
würflicht = in Würfel
wutzeln = wuzeln = drehen, ausrollen
Zelleri = Sellerie
Zelten = flaches Backwerk, Kuchen
zerschleichen = zerlaufen
Zibeben = große Rosinen
Ziemer = Rücken
Zucker spinnen = Zuckerwasser so lange kochen bis man davon Fäden ziehen kann
Zugehör = Gewürz nach Geschmack

Maße und Gewicht

War schon die Zersplitterung des Münzwesens bis ins 19. Jahrhundert sehr groß, so war die Verschiedenheit der Maße und Gewichte noch erheblich stärker. Fast jede Stadt hatte ein eigenes Maß. In den Kochbüchern des 19. Jahrhunderts kommen jedoch keine großen Unterschiede bei den bekanntesten Gewichtsmaßen vor.
Beispiel:

1 Wiener Pfund	560,06 Gramm
1 Grazer Pfund	560,218 Gramm
1 Münchner Pfund	561,551 Gramm

Gewichte

1 Zentner = 56 Kilogramm
1 Pfund = 560 Gramm = 32 Loth
1 Vierting = 140 Gramm = 8 Loth
1 Loth = 17,5 Gramm
Ein Loth wird auch mit 17 Gramm, seltener mit 16 Gramm angegeben.
1 Deka = 10 Gramm

Maße

1 Wiener Maß = 1,4 Liter = 4 Seidel
1 Seidel = 0,35 Liter
1 Münchner Maß = 1,069 Liter
½ Maß = 0,5345 Liter
¼ Maß (Quartel) = 0,26725 Liter
1/8 Maß (Achtel) = 0,13362 Liter

Mitte des 19. Jahrhunderts führte der Deutsche Zollverein das Zollpfund = 500 Gramm ein, das im Sprachgebrauch noch heute üblich ist. Die damit verbundene Umrechnung von alten Gewichts- und Hohlmaßen in neu führte bei den Köchen damals zunächst zu Schwierigkeiten. Man wollte vor allem bei Mehlspeisen das erprobte Verhältnis zu den Eiern nicht verändern. Aus diesem Grund wohl gab auch Anna Niederleuthner oft, neben der entsprechenden Menge in Gramm, noch das Loth an.
Oft wurde auch mit Handvoll, Löffelvoll, fingerdick, messerrückendick und ähnlichen Beschreibungen gearbeitet.

Literaturhinweise

Ballauf, Theresia: Die Wiener Köchin, wie sie seyn soll, oder: mein eigenes, durch 30 Jahre geprüftes Kochbuch in 6 Abtheilungen. Enthält: 1475 Speisen für Fleisch- und Fasttage, nebst allen Gattungen Bakkereyen, Blamascheen, Sulzen, Eingesottenen und Gefrornen, auch einem Anhang von Speiszetteln des Mittags und Nachts auf ein ganzes Jahr, nebst mehreren grossen und kleinern Tafeln und in Kupfer gestochenen Tafel-Arangements nach dem neuesten Geschmack. Wien, 1834.

Brunn, Therese: Würzburger Kochbuch für die gewöhnliche und feinere Küche. Praktische Anweisung zur schmackhaften und billigen Bereitung von 1282 Speisen und Getränken nach zuverlässigen und selbstgeprüften Rezepten nebst 66 Speisezetteln, Anleitung zum Tranchiren etc. Für jede Hausfrau und Köchin, sowie für jede Anfängerin im Kochen. Würzburg, 1862.

Conte Corti, Egon Caesar: Elisabeth. Die seltsame Frau. Nach dem schriftlichen Nachlaß der Kaiserin, den Tagebüchern ihrer Tochter und sonstigen unveröffentlichten Tagebüchern und Dokumenten. Salzburg, 1934.

Küchen-Kalender oder Vollständiger Küchenzettel auf alle Tage im Jahre; nebst der Anweisung, die Speisen schmackhaft und zugleich wohlfeil zu bereiten. Mit einem Anhange, enthält Recepte zu Fastenspeisen; ferner die Anweisungen zur Verfertigung der Kraftbrühen, der verschiedenen Pastetenteige, eingemachter Früchte usw. und noch mehrere ökonomische Bemerkungen über das Räuchern, Mariniren und dergleichen. Zweite, mit einer gründlichen Anleitung zur Bestellung des Küchengartens verm. A. Sulzbach, 1845.
Mit einer Auflistung bayerischer Maße und Gewichte.

Schandri, Marie: Marie Schandri´s berühmtes Regensburger Kochbuch. 1932 Original-Kochrezepte auf Grund vierzigjähriger Erfahrung zunächst für die bürgerliche Küche, gänzlich umgearbeitet und herausgegeben von Auguste Eser, geb. Coppenrath. Mit Anhang: I. Die vollständige Fastenküche, oder praktische Anleitung zur Zubereitung von Fastenspeisen. II. Die Einmachkunst. Regensburg, 1899.

Schmeller, Johann Andreas: Bayerisches Wörterbuch. (Sammlung von Wörtern und Ausdrücken, die in den lebenden Mundarten sowohl, als in ältern und ältesten Provincial-Litteratur des Königreichs Bayern, besonders seiner ältern Lande, vorkommen, und in der heutigen allgemein-deutschen Schriftsprache entweder gar nicht, oder nicht in denselben Bedeutungen üblich sind, mit urkundlichen Belegen, nach den Stammsylben etymologisch-alphabetisch geordnet von J. Andreas Schmeller.) Zweite, mit des Verfassers Nachträgen vermehrte Ausgabe. Bearbeitet von G. Karl Fromman. Auf Veranlassung und mit Unterstützung seiner Majestät des Königs von Bayern Maximilian II.. Herausgegeben durch die Historische Commission bei der Königl. Academie der Wissenschaften. Bd. 1-2, München, 1872-77.
Hier wird sehr ausführlich bayerisches küchentechnisches Sprachgut und Rezepte, wie z.B. Schmankerl, erklärt.

Schöne alte Kochbücher. Katalog der Kochbuchsammlung Erna Horn und Dr. Julius Arndt. Katalogbearbeitung Marie Sachs. München, 1982.
Diese Bibliothek befindet sich jetzt auch im Bestand der Kochbuchsammlung im „Wilden Mann“, Passau.

Ueber Schnecken, Krebse und Frösche, oder Anleitung, wie sie gefangen, gezogen, gemästet und als Speise auf die schmackhafteste Art zubereitet werden sollen. Nebst einer Anweisung, wie Schneckengärten und Fischteiche angelegt und behandelt werden müssen. Ulm, 1837.

Universal-Lexikon der Kochkunst. (Wörterbuch aller in der bürgerlichen und feinen Küche und Backkunst vorkommenden Speisen und Getränke, deren Naturgeschichte, Zubereitung, Gesundheitswerth und Verfälschung) Bd. 1-3, Leipzig, 1886-1913.

Zum Wilden Mann. Festschrift anläßlich der Eröffnung des Hauses „Wilder Mann“. Passau, 1985.
Darin ist die andere Version des „Sissi-Menü“ aus dem Jahr 1862 im Faksimile und als Transkription abgedruckt. Außerdem wird von Alfred Dick, der die Festrede hielt, ausführlich die Geschichte des Hauses und seiner Bewohner beschrieben. Hinweise gibt es auch zur Kaiserin Sissi und zum Kochbuch von Anna Maria Heindl, Passau, aus dem Jahre 1785.

Herausgeber

Hans Königsbauer, Jg. 1942, Diplom-Braumeister, Studiendirektor an der Berufsschule Passau für das Hotel- und Gaststättengewerbe.

Fritz Mayer, Jg. 1939, Seniorwirt der Heilig-Geist-Stifts-Schänke Passau, Vorsitzender des Bayerischen Berufsbildungsausschußes und Kreisvorsitzender des Bayerischen Hotel- und Gaststättenverbandes.

Richard Schaffner, Jg. 1960, Stadtarchivar von Passau, Versuchskoch.

Register